Helga Zimmer-Pietz

NewBusinessLine

Professionelles Texten

- Briefe
- Werbetexte
- Pressemitteilungen
- Internet
- Produktbeschreibungen
- Praktische Tips und Checklisten

UEBERREUTER

Die Deutsche Bibliothek – CIP-Einheitsaufnahme

Zimmer-Pietz, Helga:
Professionelles Texten : Briefe, Werbetexte,
Pressemitteilungen, Produktbeschreibungen, praktische Tips
und Checklisten / Helga Zimmer-Pietz. –
Wien/Frankfurt : Wirtschaftsverlag Ueberreuter, 2000
2., aktualisierte Auflage
(New business line : 50-Minuten-Script) (Manager-Magazin-Edition)
ISBN 3-7064-0172-X

S 0612   1 2 3 / 2002 2001 2000

Inhalt

»Ein Bild sagt mehr als tausend Worte« heißt es so schön. Das verleitet oft dazu, das Thema Text völlig zu verdrängen. Ich als Werbetexter höre von meinen Auftraggebern zuweilen: »wenig Text!«, »bitte nur Schlagwörter!«. Warum das nicht immer ein Patentrezept ist, lesen Sie in diesem Buch.

Denn mit den richtigen Worten kann man – auch – bunte Bilder im Kopf produzieren. Etwa in einem Roman. Es gibt Menschen, die lesen. Freiwillig. Bis zur letzten Seite. Und wenn es die Seite 625 ist. Sie lesen, weil es sie interessiert. Denn nur, was interessant ist – interessant geschrieben –, wird gelesen.

Erfolgreiche schriftliche Kommunikation

Wir alle sind mit Informationen überlastet. Denken Sie nur an Ihren Briefkasten. Für diejenigen, die mit schriftlicher Kommunikation zu tun haben, stellt sich die Frage: Wie schaffe ich es, daß ausgerechnet meine Botschaft beim Empfänger ankommt? Wie stelle ich es an, damit der Leser meinen Text interessant findet?

Wie ein Profi.

Im wesentlichen sind es drei Dinge, die den Erfolg bestimmen: Die Zielgruppe, das Medium und die Sprache. Darüber lohnt es sich, sich Gedanken zu machen. Oder nachzulesen.

Texten Sie professionell. Texten ist ein Handwerk, das man erlernen kann. Zugegeben, die originellen Einfälle großer Werber auf Plakaten oder in genialen Sprüchen im Hörfunk verleiten uns zu einer Art stillen Bewunderung: »So etwas würde mir nie einfallen!«

Versuchen Sie's. Es gibt nur eine Möglichkeit, texten zu lernen: learning by doing. Das nötige Rüstzeug, die Regeln, finden Sie hier in diesem Buch. Egal, ob Sie eine Anzeige texten wollen, eine Pressemitteilung herausgeben, Geschäftsbriefe formulieren oder ein Mailing verschicken möchten. Es gibt Kriterien, die einen guten Text ausmachen.

Testen Sie sich. Die Checklisten, Übungen und Tests geben Ihnen die nötige Sicherheit und die Argumente, Ihre Texte zu vertreten.

Ich wünsche Ihnen viel Vergnügen!

Helga Zimmer-Pietz

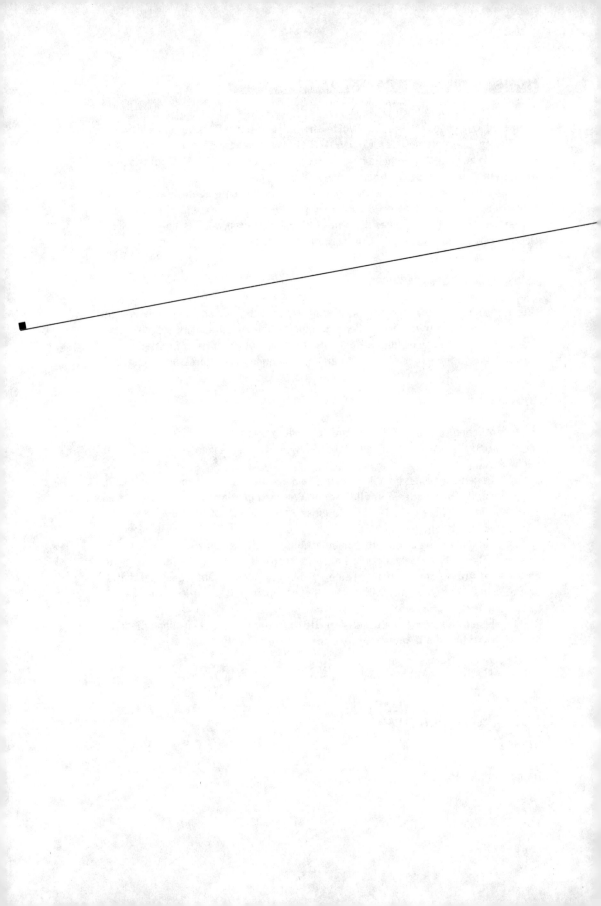

Teil 1:
Kommunikation und Sprache

Zum besseren Verständnis möchte ich einiges über Kommunikationsprozesse vorausschicken.

Es gibt viele Kommunikationsmodelle und Forschungsansätze. Ein Kommunikationsmodell, reduziert für unsere Zwecke:

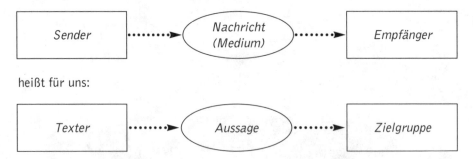

heißt für uns:

Nun sind die Zusammenhänge nicht so einfach, wie sie hier aussehen. Denn jeder Kommunikator steht in einem persönlichen und sozialen Umfeld. Der Texter (Bildung, Sozialisation, Erfahrung) ebenso wie die Aussage (Werbemittel, Medium) und die Zielgruppe (gesellschaftlicher Kontext, Einstellung, Gedanken und Gefühl). Werbewirkung ist ein sozialer Prozeß.

Die Sinne

Viele Faktoren spielen eine Rolle beim Verständnis von Sprache. Das fängt bei den Sinnesorganen an. Auge, Ohr, Haut/Hand. Wie sehe ich, was höre ich, wie fühlt sich etwas an? Bei den Menschen sind die Sinne unterschiedlich ausgeprägt. Entsprechend unterschiedlich nehmen sie Informationen auf. Lassen wir den Geruchs- und Geschmackssinn einmal beiseite und gehen wir davon aus, daß es einen visuellen, einen auditiven und einen taktilen Typ gibt. Viele Redewendungen deuten bereits auf diesen Umstand hin: »Der hört das Gras wachsen.« »Da läuft mir das Wasser im Mund zusammen.« »Den kann ich nicht riechen.« »Das sieht ihm ähnlich.« ... Sprechen Sie möglichst alle Sinne an.

Das Gehirn

Die Wirkungsforschung hat heute genaue Ergebnisse, zum Beispiel über Blickverlauf und Aufmerksamkeit von Rezipienten. Doch auch die Gehirnforschung trägt neue Erkenntnisse zur Kommunikation bei.

Beispielsweise weiß man, daß die linke, »logische« Gehirnhälfte für die Sprache zuständig ist und die rechte, »emotionale« Hälfte für Bilder, Strukturen. Versuche haben ergeben, daß das Gehirn stets einen Sinn sucht, selbst wenn Bild und Text nicht zusammenpassen.

Stellen Sie sich vor: Sie haben eine Tasse Kaffee abgebildet. Der Text dazu lautet: »Es regnet schon den ganzen Tag.« Zwei Inhalte, die nichts miteinander zu tun haben. Doch das Gehirn sucht nun nach der Möglichkeit, diese beiden Inhalte zu einem Sinn zu verbinden. Etwa: »Weil es draußen regnet, trinke ich jetzt gemütlich eine Tasse Kaffee ...«

Menschen mit dominanter linker Gehirnhälfte überzeugen Sie eher mit Argumenten. Menschen, deren rechte Gehirnhälfte dominiert, erreichen Sie vor allem durch Bilder – auch mit bildhaften Wörtern.

➜ »Sprache kann das Gehirn in Bilder übersetzen und umgekehrt.«

Hans-Peter Förster

Wie es »Schlüsselbilder« gibt, die eine gewisse Assoziation und Reaktion auslösen, gibt es auch im Text »Reizwörter«.

Machen Sie sich beim Texten ein Bild von Ihrem Rezipienten, von Ihrem Botschaftsempfänger. Welcher Typ ist er? Worauf reagiert er? Und versuchen Sie, umgekehrt, ihm ein eindrucksvolles Bild Ihrer Botschaft zu liefern. Aufregend, anschaulich, angenehm und leicht zu verarbeiten.

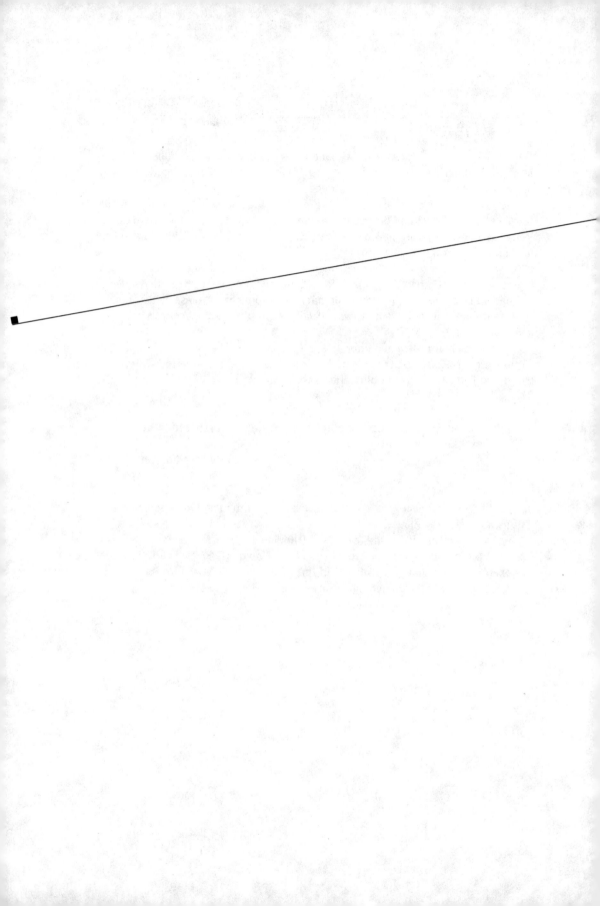

Teil 2:
Sprachliche Grundlagen

Texter – wer ist das?

Es herrscht allgemein eine verschwommene Vorstellung davon, was ein Texter zu tun hat. »Welcher Spruch ist denn von Ihnen?« ist die häufigste Frage, die ich gestellt bekomme. Um Mißverständnisse auszuräumen: Texten heißt nicht (nur), flotte Sprüche am laufenden Band zu produzieren. In der Regel gilt die alte Weisheit: 20 Prozent der Arbeit besteht aus Inspiration und 80 Prozent aus Transpiration.

Auch Schreiben, das schließlich jeder in der Schule lernt, ist nicht Texten. Texten ist eine ganz spezielle Art des Schreibens. Frei nach dem klassischen Zitat: »Ich schreibe dir drei lange Seiten – hätte ich mehr Zeit gehabt, wäre es nur eine ...«

Texten ist ein Handwerk, das man erlernen kann. Ich möchte Ihnen hier das Werkzeug in die Hand geben. Was Sie mitbringen sollten, sind die 20 Prozent Inspiration: die Lust, mit Sprache umzugehen, eine rege Vorstellungskraft und ein gutes Einfühlungsvermögen, Interesse und Motivation. Von Vorteil sind natürlich eine solide Allgemeinbildung und ein üppiger Wortschatz.

Die Angst vor dem leeren Blatt ...

Jeder findet mit der Zeit seine eigene Methode, die Angst vor dem weißen Blatt zu überwinden. Und ist erst einmal der Anfang geschafft, dann fließen die Wörter nur so aus dem Kopf – in den Computer. Oder in die Schreibmaschine.

Das Wichtigste: Überlegen Sie sich, welche Funktion Ihr Text erfüllen soll. Machen Sie sich ein Konzept. Was wollen Sie erreichen? Und vor allem: Wen wollen Sie erreichen? Schreiben Sie nicht das auf, was *Sie* alles wissen, sondern das, was *der Leser* wissen möchte.

Und dann stellen Sie sich erst die Frage: Wie geh ich's an?

Vor allem beim Werbetext finden Sie verschiedene Techniken, rhetorische »Tricks«, mit denen Sie die Aufmerksamkeit des Lesers steuern können. Suchen Sie sich aus einer Zeitschrift einmal eine Anzeige heraus und analysieren Sie den Text.

Wie wird die Botschaft übermittelt? Welche sprachlichen Mittel sind eingesetzt?

Die rhetorischen Figuren bilden das Handwerkszeug eines jeden Texters. Das *Wie*. Auch wenn der Einsatz dieser Stilmittel nicht immer bewußt erfolgt. Sie machen die Qualität eines Textes aus. Den guten Stil.

Alliteration

Wie verleihen Sie dem Satz: »Kenner machen nie Kompromisse« mehr Ausdruckskraft? Sie bilden einen Stabreim, eine Alliteration:

<u>K</u>enner <u>k</u>ennen <u>k</u>eine <u>K</u>ompromisse. [Berentzen Apfelkorn]*

Die gleichen Anfangsbuchstaben betonen jedes einzelne Wort und verstärken die Satzaussage.

<u>M</u>ilch <u>m</u>acht <u>m</u>üde <u>M</u>änner <u>m</u>unter.

Anapher

Einen ähnlichen Effekt erzielen Sie mit dem Stilmittel Anapher. Hier beginnt jeder Satz mit dem gleichen Wort. Natürlich wirkt das nur bei ganz kurzen Sätzen:

Es regnet. Es ist naß. Es ist nicht schlimm. [Dunlop Reifen]

Eine ungeschriebene Regel geht von drei Wiederholungen aus. Wenn Sie das Anfangswort nur einmal wiederholen, erkennt man die Absicht nicht – bei mehr als drei Wiederholungen kann die Anapher penetrant wirken.

---

* Aus: Högn/Pomplitz, Der erfolgreiche Werbetexter, 2. Aufl., Landsberg/Lech 1991.

Zitate, Sprichwörter und geflügelte Worte finden oft Eingang in den täglichen Sprachgebrauch, ohne daß wir uns des Ursprungs bewußt sind. Sie gehen leicht von den Lippen und werden deshalb auch oft in der Werbung gebraucht:

>>Der Klügere gibt nach<< wird zu: **Der Stärkere gibt nach.** [Ford]

Alle Jahre VISA klingt wie >>Alle Jahre wieder ...<<

Anspielungen verändern diese Zitate und Sprichwörter so, daß zwar der Sinn des Ausspruchs verändert wird, aber dennoch das Original zu erkennen ist. Erreicht einen hohen Aufmerksamkeitsgrad.

Analogie

Sie können Ähnlichkeiten in ein Gleichnis setzen und so eine Analogie bilden. Ein Beispiel: Auf einem Plakat der Firma Kastner & Öhler erschien lediglich der Text:

Unsere Schlägertypen.

Nur diese beiden Wörter. Was soll das bedeuten?

Nach kurzer Zeit erschien ein zweites Plakat, jetzt mit Bild:

Mit freundlicher Genehmigung von Demner, Merlicek & Bergmann.
Werbeagentur: Demner, Merlicek & Bergmann; Text: Johannes Krammer; Foto: Bernhard Angerer.

Die Lösung. Verblüffend. Eine völlig neue Assoziation entsteht.

Metapher

Es gibt Menschen, die denken vorwiegend in Bildern. Für sie ist es am besten, einen Sachverhalt bildlich auszudrücken. In einer Metapher. Man sollte darauf achten, daß das gewählte Bild zum Thema paßt und nachvollziehbar ist. Die Metapher in ihrer kürzesten Form erkennen Sie an dem kleinen Wörtchen »wie«:

Farben wie im Kino. [AGFA]

Ein anderes Beispiel:

Licher Pilsner. Aus dem Herzen der Natur.

Wir haben uns zur Auflage gemacht, noch mehr Auflage
zu machen.

Ein Wortspiel, das der Burda-Verlag kreierte. Hier wird nicht nur mit dem Wort
»Auflage« gespielt, sondern auch mit dessen Doppelsinn. Das tut auch der Slogan
des österreichischen Radiosenders Ö1:

Ö1 gehört gehört

Es müssen nicht immer (Haupt-)wörter sein, mit denen man spielt, und es können
sogar einzelne Silben sein:

*Fair*sicherung

Advo*card*

Einfach schön. Schön einfach. [Nokia Mobil-Telefon]

Doppeldeutigkeit

Über einer Anzeige steht groß **»cheeese«**. Soll der Betrachter lächeln? Wird jemand fotografiert? Nein. Es ist die Anzeige für Käse. Für einen Käse, der fröhlich
stimmt. Und dieser Käse lächelt mit einem Schnittlauchmund.
Bestimmte Worte haben eine doppelte Bedeutung oder einen »übertragenen Sinn«.
Ein »Fall« kann beispielsweise ein Wasserfall oder ein klarer Fall, eine
klare Sache bedeuten. Die Firma Tetra Pak bildet einen Wasserfall ab, verpackt
Mineralwasser in eine Tetra-Pak-Schachtel und schreibt auf die Anzeige:

Ein Fall für Tetra Pak.

Für ein Mobiltelefon wirbt die Headline:

Nie mehr kurz angebunden.

Das Foto zeigt einen Geschäftsmann an der Leine, an einer Telefonschnur. Hier
werden zwei Vorteile kommuniziert: 1. Mit einem »Handy« ist man an keine
Schnur gebunden. 2. Man kann mit diesem lange reden und muß nicht »kurz angebunden sein«, weil der Akku leer ist ...

Wortgegensatz/Antithese

Gegensätze ziehen an. In der Werbung können viele Texter der Versuchung nicht widerstehen:

> Der Tag *geht*. Johnny Walker *kommt*.
>
> *Kleine* Ursache – *große* Wirkung.

Paradoxon

Ein Widerspruch verlangt nach Auflösung. Die Erklärung folgt meist in der Copy. – »Er war so häßlich, daß er schon wieder schön war.«

> Sie haben's eilig? Dann haben Sie auch Zeit für eine Haarkur. [Guhl]
>
> Unser Neuer ist 'ne Pflaume! [Molkerei Weihenstephan]

Kein Grund, stolz zu sein. Doch wenn es sich um ein neues Fruchtjoghurt handelt, sieht die Welt schon wieder anders aus ...

> Nur kein Lager ist ein gutes Lager. [Rhenus]

Reim

Ein beliebtes Stilmittel aus den Anfängen der Werbung erlebt ein Comeback: der Reim. Er geht ins Ohr und bleibt oft länger im Gedächtnis. Deshalb hört man Gereimtes vor allem in Hörfunk-Spots. Aber auch geschrieben hat der Reim seinen Reiz.

> In Küche, Bad und im WC
> ist sanitär alles o. k.
>
> Vom Senner. Für Kenner.
> Alma vom Senner für Käsekenner. [Alma Käse]

➜ **Praxis-Tip:**

Was reimt sich? Schlagen Sie nach – im Reimlexikon von Willy Steputat, Reclam-Verlag, Stuttgart.

Mit den rhetorischen Stilfiguren geben Sie Ihrem (Werbe-)Text eine gewisse Farbe, eine Qualität, lenken die Assoziationen des Lesers in eine gewisse Richtung. Doch Achtung! Der Umkehrschluß funktioniert nicht immer. Nicht alle Texte, die möglichst viele rhetorische Stilmittel einsetzen, sind – für den Zweck – gut! Sie dürfen nicht krampfhaft wirken oder herbeigeholt sein. Meist kommen die Formulierungen »aus dem Bauch heraus«, und die Stilfiguren sind auf den ersten Blick nicht zu erkennen.

Machen Sie die Probe: Nehmen Sie sich einen Text vor und analysieren Sie ihn auf seine sprachlichen Stilmittel.

Jeder Satz hat einen eigenen Rhythmus. Lesen Sie folgenden Absatz bitte laut vor:

>*Sprache ist wie das Wasser. Sie kann unbewegt sein wie ein mit Entengrün bedeckter Teich. Sie kann ein träger Fluß sein, müde geworden unter den Abwässern der Industrie. Sie kann aber auch sprühen und spritzen, perlen und plätschern, schäumen und schwellen, kann rauschen und tosen und donnernd niederstürzen – mit einer solchen Gewalt, daß der Schreiber nicht mehr hört, was er schreibt und der Leser von der Strömung mitgerissen wird, ohne den Sinn der Worte erfaßt zu haben.*«**

Was ist passiert? Der Text »fließt«. Auch an rhetorischen Stilmitteln mangelt es nicht. Aber der Sinn geht verloren. Das darf bei einem professionellen Text, der ankommen soll, nicht passieren. Der Empfänger unserer Botschaft soll ja alles verstehen und womöglich auch gleich reagieren.

In der Werbung ist die Sprache einfach, auf das Wesentliche konzentriert. Dennoch gibt es manchmal eingebaute Bremsen. Stellen, über die man stolpert. Weil der Rhythmus nicht stimmt. Oder weil ein Vers holpert.

Beispiel:

Schicken Sie ihn uns ausgefüllt ...

Merken Sie den Stau? Besser:

Schicken Sie ihn bis 15. Mai ausgefüllt an uns zurück.

Das läuft.

Ob der Rhythmus eines Textes stimmt, merken Sie am besten, wenn Sie einen Text laut vorlesen. Probieren Sie es!

---

* Edith Hallwass in »texten + schreiben«, 3/88.

Punkt oder nicht Punkt?

Normalerweise gelten die üblichen Interpunktionsregeln beim Texten. Doch vor allem beim Werbetext kann sich der Autor schon einmal eine »künstlerische Freiheit« herausnehmen, wenn es der Sache dient.

Gerade bei Überschriften, die auf den Betrachter wie ein Bild wirken, kann der Punkt oder das Komma weggelassen werden, wenn sie die Optik stören. Auf der anderen Seite gibt es Headlines, die aus einem Wort bestehen, und dahinter steht ein Punkt. Dieser Punkt gibt der Aussage mehr Gewicht. Er betont das Wort, weil der Leser nach dem Punkt eine Pause macht.

Der Punkt setzt auch im Fließtext Akzente. Er kürzt die Sätze. Und manchmal fängt ein Satz nach dem Punkt mit dem Wörtchen UND an. Großgeschrieben. Das ist sonst eher unüblich. In der Werbesprache durchaus erlaubt.

Alles für's Auto?

Selbst im Duden wird dieses Auslassungszeichen weggelassen. Schreiben Sie einfach:

fürs.

Tu' was!

Hier können Sie ebenfalls vereinfachen:

Tu was!

Auch wenn die Grammatik etwas anderes sagt.

Entscheiden Sie von Fall zu Fall, was Sie mit Ihrer Interpunktion erreichen möchten. Doch es sollte *gewollt* und nicht fehlerhaft sein.

Teil 3:
Werbetexte

Was ist ein guter Werbetext?

Alles, was an Buchstaben auf einem Werbemittel erscheint, ist ein Text. Ein Werbetext. Doch was ist ein guter Werbetext? Ein Text, der gelesen wird. Weil er interessant geschrieben ist. Durchdacht. Keine Silbe zuviel. Aber auch kein Wort zuwenig. Ein Text, der die gewünschte Wirkung erzielt.

Wie schreibe ich einen guten Werbetext?

Dafür gibt es leider kein Patentrezept.

Grundsätzlich ist im Werbetext alles möglich. Von der eigenen Wortschöpfung bis zur Verfremdung. Sie können alles auf den Kopf stellen. Bedenken Sie aber eines: Ihre Botschaft soll ankommen. »Werbung soll verkaufen« – diese Philosophie, frei nach David Ogilvy, steht hinter all Ihren Anstrengungen beim Texten. Und dafür gibt es sehr wohl bewährte Grundregeln.

Die erste Grundregel beim Werbetexten lautet: *Starten Sie niemals ohne Konzept.*
Egal, was Sie texten, machen Sie sich vorher ein Konzept. Beantworten Sie diese
Fragen:

Wer?	Für wen schreibe ich? Wer ist der Auftraggeber? Ein bekanntes Unternehmen? Ein kleines, unbekanntes?
An wen?	Wie sieht meine Zielgruppe aus? Wer soll meine Botschaft erhalten? Wer liest meinen Text?
Wo?	In welchem Medium erscheint mein Text? Schreibe ich direkt einen Brief an den Adressaten? Texte ich eine Anzeige für eine Zeitschrift?
Wie?	Wie sieht mein Werbemittel aus? Ist es eine Anzeige? Oder ein Plakat? Oder texte ich eine Broschüre?
Was?	Was bewerbe ich? Stelle ich ein Produkt vor? Biete ich eine Serviceleistung an? Wie sieht mein Angebot aus? Was ist der einzigartige Vorteil (Unique Selling Proposition, USP)? Welchen Nutzen hat das Produkt für meine Leser?
Warum?	Welches Ziel verfolge ich? Welche Reaktion möchte ich auf meine Botschaft?
Wann?	Wie sieht die Terminplanung aus? a) Wieviel Zeit habe ich fürs Texten des Werbemittels? b) Wann ist der beste Zeitpunkt, die Botschaft zu vermitteln? c) Welche Terminbeschränkungen (Einsendeschluß, c) Angebotsfrist) gibt es?

Wenn Sie diese W-Fragen beantwortet haben, ist schon die halbe Arbeit getan. Danach geht's an die Umsetzung. Schritt für Schritt.

Suchen Sie zunächst nach Ihrer Kernaussage. Die »Message«, die Werbe-Botschaft. Was wollen Sie mitteilen? Was wollen Sie bewirken?

Beispiel: Das Technikerteam Ihrer Firma hat einen neuen Rasenmäher entwickelt, der viel leiser läuft als alle Rasenmäher, die derzeit auf dem Markt angeboten werden. Sie sollen eine Anzeige texten, die in einer Zeitschrift für Gartenbesitzer erscheint. Ziel: Bekanntmachung und Verkauf des Rasenmähers.

Was teilen Sie den Hobby-Gärtnern mit? – Jetzt gibt es einen Rasenmäher, der so leise läuft wie sonst keiner. Wie sagen Sie es Ihrem Leser? Diese Hauptaussage wird in der Schlagzeile, der Headline, stehen.

Die Firma SABO schrieb:

Rasenmähen wie der Teufel. Aber himmlisch leise.

Sie erarbeiten zuerst die Kernaussage, Ihre Botschaft (Message) und dann überlegen Sie die richtige Strategie für Ihr Werbemittel. Das Inhaltskonzept.

Entwickeln Sie mit Ihrer Kernaussage ein Inhaltskonzept. *Was* soll in meinem Text drinstehen? Was will ich schreiben? Was ist für den Kunden/Leser interessant? Welchen Nutzen hat der Kunde/Leser vom Produkt, vom Text? Und: Wie kann ich ihn motivieren, weiterzulesen? Was spricht ihn emotionell an?

Dieses Inhaltskonzept nennt man Copy-Strategie (= Claim = Werbeaussage = Copyplatform).

Das Wichtigste ist dabei die Perspektive. Versetzen Sie sich einfach immer in die Lage des Empfängers Ihrer Botschaft. Würde *Sie* das interessieren? Welche Fragen würden sich für *Sie* stellen?

Jetzt haben Sie die Kernaussage. Und ein Inhaltskonzept. Nun kann's endlich losgehen mit dem »Durchtexten« ... Aber wie?

➜ »Es gibt kein Grundgesetz! Außer den vielen, die es gibt.«

Das scheint das Grundgesetz der Werbung zu sein. Und diese vielen Gesetze gelten auch nicht gleichermaßen für alle Texte. Denn es macht einen gewaltigen Unterschied, ob ich ein Plakat texten will oder einen zwölfseitigen Prospekt. Ob ich einen Brief schreibe oder einen Hörfunk-Spot. Ob ich nur eine Zeile schreiben darf oder eine ganze Broschüre.

Deshalb möchte ich hier unterscheiden in **HEADLINES**, also alle hervorgehobenen Überschriften, und in **COPY**, den Fließtext, da Headlines eine andere Funktion erfüllen als Copy-Texte. Und weil Aufgabe und Funktion eine große Rolle bei der Wirkung und Beurteilung der Texte spielen.

Ungefähr 80 Prozent der Leser überfliegen bei einer Anzeige nur die Headlines! Deshalb sollte unsere Botschaft schon beim Überfliegen der Überschriften den Empfänger erreichen. Denn die Headline entscheidet, ob der nachfolgende Text überhaupt gelesen wird.

»Der Mensch liest, was ihn interessiert. Und manchmal ist es eine Anzeige«, sagte Howard Luck Gossage. Und meinte damit, daß kein Mensch auf eine Anzeige, auf ein Werbemittel, wartet. Werbung wird eher beiläufig, unbewußt wahrgenommen. Ohne genau hinzusehen. Ohne wirklich hinzuhören.

Jemand ist dann interessiert, wenn die Werbung ihn – bei der ständigen Suche nach bestimmten Vorteilen – persönlich anspricht, betrifft.

Die richtige Headline sorgt dafür, daß Ihre Aussage die Zielgruppe erreicht.

Headlines können

- ◼ Aufmerksamkeit erregen
- ◼ unterhalten
- ◼ Kundenvorteile kommunizieren
- ◼ Spannung erzeugen
- ◼ Image transportieren
- ◼ ein bestimmtes (Lebens-)Gefühl erzeugen
- ◼ Denkanstöße geben
- ◼ neugierig machen auf den Fließtext
- ◼ informieren

und vieles andere mehr.

Überlegen Sie, welche Wirkung Sie erzeugen möchten.

Das richtet sich natürlich unter anderem nach dem Werbemittel. Doch erst wenn Sie die Hauptaussage und Ihre Headline haben, können Sie den Fließtext beginnen.

Das Formulieren der Headline hängt selbstverstänlich auch von der Abbildung ab. Idealerweise korrespondieren Text und Bild so, daß eine Aussage entsteht, die anspricht.

Headlines können Bildern eine neue Dimension verleihen:

Abbildung: Rover 200 Cabriolet.

Text: **Tolle Fönfrisuren schon ab 33.350 DM.**

Hier werden Begriffe aus zwei unterschiedlichen Bereichen (Mode/Technik) in einen ungewohnten Zusammenhang gestellt.

Es gibt aber auch Plakate bzw. Anzeigen, die ganz auf eine Abbildung verzichten und eine rein typographische Lösung anbieten. Die Schwierigkeit beim Texten einer Headline liegt häufig in der Kürze.

Was ist das Wichtigste? Wie bringe ich zum Beispiel den Kundennutzen in ein paar Worten rüber? Und das möglichst einfallsreich, ungewöhnlich. McDonald's warb mit der Headline:

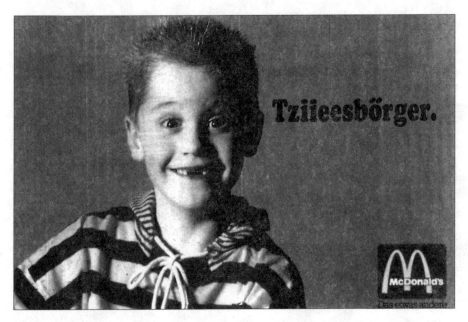

Mit freundlicher Genehmigung von Suzy Stöckl, Wien.
Werbeagentur: DDB Needham Heye & Partner; Text: Svenja Rossa; Foto: Suzy Stöckl.

Mit diesem Phantasiewort »Tziieesbörger« werden alle Regeln der Rechtschreibung außer Kraft gesetzt. Und es weiß dennoch jeder, was gemeint ist. Der Cheeseburger schmeckt. Auch Kindern, die gerade nicht so kraftvoll zubeißen können.

Headlines können »unter die Haut« gehen, zum Nachdenken anregen. Amnesty International bildete auf einem Plakat einen Stacheldraht ab. Der Text:

Das geht vielen unter die Haut.

Die übertragene Bedeutung, wörtlich genommen, produziert Betroffenheit. Gemeint ist: Folter. Das Wort wird aber nicht erwähnt.

Die Länge

Wie lang darf eine Headline sein? Manche behaupten, eine Headline dürfe aus nicht mehr als sechs Worten bestehen. Ich halte das für einen Unfug. Es gibt keine »zu langen« Texte. Es gibt nur »langweilige« Texte, die keiner liest. Die erfolgreiche Anzeigen-Kampagne für den Fiat Panda, die mittlerweile in die Werbegeschichte eingegangen ist, warb mit Überschriften, die bis zehn Zeilen lang waren!

> »... 24 Fl. Barolo, 12 Fl. Verdicchio, 1 Espressomaschine, 300 Meter Spaghetti, 2 Artemide-Lampen, 1 Saporiti-Sessel, 1 Abendkleid von Valentino, 1 Morgenmantel von Fiorucci, 1 Tasche von Gucci, 2 Krawatten von Pucci, 4 Paar Schuhe von Santini & Domenici, 1 Schweinsleder-Ausgabe von Machiavelli ...«
> Kaum zu glauben, was die Kiste über die Grenze brachte. Aber amtlich.
>
> Fiat Panda. Die tolle Kiste.

Richtig ist sicher: Die Headline sollte unbedingt einen Vorteil für den Leser signalisieren, möglichst rasch erfaßbar. Ein Vorteil für den Leser kann sein: »Sie sparen die Hälfte!« (Übung: Finden Sie eine originelle Formulierung für diese Aussage!) Es kann aber auch sein: seine Neugier oder einen Spieltrieb zu befriedigen, seinen Informationshunger zu stillen oder einfach zu unterhalten.

Es kommt also stark auf die Aufgabe an, die ein Text erfüllen soll. Stellt sich die gewünschte Wirkung ein – auf ungewöhnliche, überzeugende Weise – ist der Text gelungen.

Während bei einer Headline – je nach »Verwendungzweck« – eigentlich alles erlaubt ist und Ihrer Phantasie keine Grenzen gesetzt sind, kommt es bei der Copy vor allem darauf an, Inhalte zu transportieren. Einen Blick, ein offenes Ohr, Herz und Hirn des Empfängers mit Ihrer Werbebotschaft zu erreichen.

Dazu ist es hilfreich, die zweite Grundregel für Werbetexte zu beachten. Sie ist so alt und so einfach, daß sie oft vergessen wird:

→ **KISS – »Keep it simple and stupid.« – oder besser:**
»Keep it short and simple!«

»Keep it short and simple« heißt: Schreibe so einfach, daß es jeder sofort verstehen kann. Einfach und verständlich zu schreiben heißt nicht, jemanden für dumm zu verkaufen. Die Kunst besteht darin, sich klar auszudrücken, knapp zu formulieren und dennoch ein hohes sprachliches Niveau zu halten. Einen guten Stil zu schreiben.

Woran erkennt man einen guten Stil? Wie kann man selbst einen guten Schreibstil entwickeln? Auch hierzu gibt es etliche Regeln. Dabei kommt es weniger auf Rechtschreibung und Grammatik an – dafür haben Sie Ihr Wörterbuch. Vor allem die Satzlänge und die richtige Wortwahl bestimmen den Stil Ihres Werbetextes. Interpunktion und Satzstellung sind für die Betonung verantwortlich.

Wie schreibe ich einen guten Text?

1. Möglichst wenig abstrakte Hauptwörter (Substantive)

   »...ung-Wörter« wirken statisch und wenig sympathisch:

   Die Vereinfachung der Darstellung des Textes bringt Erleichterung beim Lesen.

   Kürzer und klarer:

   Einfach dargestellt, ist der Text leichter zu lesen.

2. Viele Zeitwörter (Verben)

   Sie bringen Leben in einen Satz, beschreiben eine Aktion. Wirken aktiv und dynamisch.

Vergleiche:

Er hatte eine gewisse Ahnung des Geschehens.

Er ahnte, was passierte.

3. Aktiv statt Passiv

Aktive Formulierungen sind kürzer und nicht so umständlich.

Die Zuhörer wurden von einem faden Sprecher gelangweilt.

Besser:

Der Sprecher langweilte die Zuhörer.

4. Kurze Sätze

Untersuchungen bei Lesern von Anzeigen haben ergeben, daß Sätze ab 26 Wörtern »schwer verständlich« sind. Sätze mit über 30 Wörtern fallen bereits in die Kategorie »sehr schwer verständlich«.
Sie erinnern sich: Sie wollen, daß Ihre Botschaft ankommt.
Und zwar möglichst rasch. Davon hängt Ihr Erfolg ab. Je kürzer die Sätze, umso besser.

5. Füllwörter streichen

Konzentrieren Sie sich auf das Wesentliche. Vermeiden Sie unnötige Wiederholungen.

Jeder Schüler hat sozusagen eine gewisse Chance, irgendwie das Texten zu lernen.

Gähnen Sie schon? Stehlen Sie Ihrem Leser nicht die kostbare Zeit:

Jeder Schüler kann Texten lernen.

6. Bildhafte Wörter einsetzen

Wählen Sie Wörter, die Bilder und Assoziationen beim Leser auslösen, wie:

groß, laut, leise, sehenswert, Herz, haushoch, Leckerbissen ...

7. Allgemeinplätze meiden

Abgedroschene Sprüche und leere Worthülsen locken keinen Hund hinter dem Ofen hervor.

Ich bin der Größte!

Top-Lage.

Beste Qualität zu kleinen Preisen.

8. Fachsprache vermeiden

Egal, ob es sich um eine technische Beschreibung, um Computer-Fachausdrücke oder um Vertragsbedingungen handelt. »Fach-Chinesisch«, Beamtenoder Juristendeutsch, bei dem ein Nichteingeweihter nur »böhmische Dörfer« versteht, sollte im Werbetext in eine Normalsprache »übersetzt« werden.

9. Sparsam mit Fremdwörtern umgehen

Vorsicht ist bei Fremdwörtern geboten.
Wie geläufig sind sie? Stellen Sie sich nur einmal vor, wie beispielsweise englische Ausdrücke (Headline) gelesen werden, wenn jemand kein Englisch kann ...

10. Stilbrüche vermeiden

Versuchen Sie, Ihre Diktion von Anfang bis Ende durchzuziehen.
Konsequent.

Stilbruch:

> **Als die Sonne schimmernd im Meer versank, hatte der Typ die Nase voll.**

11. Persönlich werden

Wo es möglich und angebracht ist, können Sie Ihren Adressaten ruhig persönlich ansprechen:

> **Probieren Sie es jetzt ...**

Das verstärkt die Wirkung.

12. Logisch bleiben

Spinnen Sie einen roten Faden, den Sie durch Ihr Werbemittel ziehen. Sie legen die Dramaturgie vorher in einem Inhaltskonzept (Copy-Strategie) fest.

13. Spannung aufbauen

Es gibt viele Mittel, einen Text spannend zu gestalten. Durch Fragen und Antworten (Problem/Lösung). Durch eingebaute, rhetorische Fragen:

> **Was meinen Sie?**

Durch Beispiele.

AIDA

Für Ihre Text-Dramaturgie können Sie diese altbewährte Werbeformel anwenden. Mit der **AIDA**-Oper treffen Sie den richtigen Ton.

A	=	Attention	(Aufmerksamkeit erregen)
I	=	Interest	(Interesse wecken)
D	=	Desire	(Wunsch auslösen)
A	=	Action	(Aktion/Reaktion hervorrufen)

Aufmerksamkeit:	Zunächst müssen Sie erreichen, daß Ihr Text gelesen wird.
Interesse:	Nennen Sie Vorteile für den Leser, damit er weiterliest.
Wunsch:	Ihr Text klingt so verlockend, daß der Leser mehr wissen will bzw. das Produkt besitzen möchte.
Aktion:	Ihr Leser geht in das nächste Geschäft, um sich das Produkt zu kaufen. Oder er bestellt es, wenn die Möglichkeit dazu besteht.

Diese allgemeinen Regeln werden Ihnen beim Texten mit der Zeit in Fleisch und Blut übergehen. Ohne daß Sie lange nachdenken müssen. Es bedarf nur einiger Übung. Haben Sie ein wenig Geduld mit sich.

Am Anfang war das Wort ...

Wie findet ein Redner die richtigen Worte zum passenden Anlaß?

Worte sind nicht nur Worte. In jedem Wort steckt für jeden ein persönlicher Erfahrungswert, eine Assoziation, ein bestimmtes kulturelles Umfeld. Worte können unter Umständen beleidigen, abstoßen oder sympathisch wirken. Schwarz auf weiß gedruckt, werden sonst vielleicht flüchtige Worte festgehalten und definitiv. Sie erhalten eine besondere Wichtigkeit. Unwiderruflich. Auch das, was zwischen den Zeilen steht.

Deshalb kommt es darauf an, die richtigen Worte zu wählen.

1. Formal: um Wiederholungen zu vermeiden.
2. Inhaltlich: Welches Wort drückt am besten das aus, was ich sagen will?

Der erste Fall ist schnell gelöst. Mit einem Blick ins Synonymwörterbuch.

Der zweite Fall ist schon komplizierter. Worte haben oft unterschiedliche Bedeutungen in verschiedenen Regionen und Ländern des gleichen Sprachraumes. In Deutschland sagt man zum Beispiel umgangssprachlich »Er rastet aus«, wenn jemand durchdreht – in Österreich bedeutet der gleiche Satz: »Er ruht sich aus.« Ein ziemlicher Unterschied, nicht wahr?

Ringen Sie um das richtige Wort. Probieren Sie aus, welches Wort treffender ist. Überlegen Sie sich, welche Bedeutung dahintersteckt, welche Assoziationen ein Wort hervorruft. Wirkt es angenehm? Welche Vorstellung weckt es? Zeichnet es ein Bild?

Textmenge

Ulrich Lachmann, Marktforscher in Hamburg, hat herausgefunden, daß allein die Präsenz einer »body-copy«, also etwa der Fließtext in einer Broschüre, die Glaubwürdigkeit eines Werbemittels um ein Drittel erhöht. Das bedeutet: Selbst wenn meist nur Überschriften überflogen werden, vermittelt der Fließtext Kompetenz. Der Leser sieht den Text als Information*sangebot*.

Noch ein paar Tips

Seien Sie fair

Jeder weiß, daß in der Werbung meist nur die positiven Seiten ausgelobt werden – Werbung und Wahrheit gehören nicht unbedingt zusammen. Doch unglaubwürdige Werbung wird sofort vom Verbraucher entlarvt!

Ziehen Sie Ihre persönliche Grenze. Versuchen Sie zu überzeugen, statt zu überreden. Verwenden Sie deshalb die beliebten Superlative nur, wenn sie wirklich ihre Berechtigung haben: Der Beste, der Schnellste, der Größte. Die Nummer eins.

Vorsicht bei Jargon

Modeausdrücke sind so kurzlebig, daß sie schon »out« sein können, bevor sie bei der Zielgruppe ankommen.

Vorsicht ist auch bei einem bestimmten Jargon geboten. Wenn Sie Dialekt oder beispielsweise Jugendsprache verwenden, muß dieser Jargon unbedingt authentisch sein. Achtung: Jugendliche wollen nicht von Erwachsenen in ihrem Jugendjargon angesprochen werden, da sie sich ja gerade durch die Sprache von den Erwachsenen abgrenzen möchten.

Keine Schere im Kopf

Ihre Gedanken sind frei. Üben Sie (zunächst) keine Selbstzensur beim Texten. Natürlich können Sie nachher prüfen, ob Ihr Text juristischen Auflagen oder moralischen Ansprüchen genügt.

Beurteilen Sie kritisch

Bewahren Sie die Distanz zu Ihrem Produkt. Sie haben zwar viel Zeit und Energie in Ihren Text investiert, das schützt Sie aber nicht vor Selbstkritik. Testen Sie Ihren Text. Hält er Ihren Anforderungen stand? Würden Sie Ihren eigenen Text wirklich lesen? Verwenden Sie die Checklisten.

Was unterscheidet den Slogan von der Headline?

Häufig werden die beiden Begriffe fälschlicherweise synonym gebraucht. Doch erfüllt ein Slogan eine ganz spezielle Funktion. Er repräsentiert quasi als »Visitenkarte« ein Unternehmen oder eine Marke, ein Produkt oder ein Motto.

Er ist meistens untrennbar mit dem Firmennamen bzw. -logo verbunden. Schon deshalb ist eine gewisse Kürze angebracht.

Wie sollte ein Slogan sein?

■ **Kurz**

Möglichst nicht mehr als sechs Wörter.
Es gibt natürlich Ausnahmen:

An meine Haut lasse ich nur Wasser und CD.

■ **Einfach**

Für jedermann sofort verständlich.

■ **Eingängig**

Wohlklingend, ins Ohr gehend, eventuell Reim (Rhythmus!)

■ **Langlebig**

Soll viele Jahre gelten – für die Marke, für das Unternehmen:

AEG – Aus Erfahrung gut.

■ **Unverwechselbar**

Unterscheidung zur Konkurrenz!

Bauknecht weiß, was Frauen wünschen.

Der Slogan sollte einen wesentlichen Kundennutzen kommunizieren. Er muß im Stil zum Unternehmen, zur Unternehmensphilosophie, passen.

Eine schwierige Aufgabe, die viel Zeit und Denkarbeit kostet. Ein Slogan »wächst« mit der Zeit. Er kann im ersten Moment banal klingen:

Meine Quelle

etabliert sich aber durch die ständige Wiederholung. Es gibt Slogans, die sofort »einschlagen« und als geflügeltes Wort umgehen:

Otto – find' ich gut.

Drei Worte, die viel aussagen, oder?

Test:
Suchen Sie einen Slogan aus einer Zeitschriftenanzeige. Notieren Sie alle Assoziationen, die Ihnen zu diesem Slogan einfallen. Wie ist das Ergebnis?

Große Firmen testen natürlich ihre Slogans, bevor sie in Umlauf kommen.

Die Aussage, der Sinn eines Plakates, muß in wenigen Sekunden erfaßt werden. Beim flüchtigen Betrachten – beim Vorüberfahren mit dem Auto oder mit dem Fahrrad. Niemand bleibt extra wegen eines Plakates stehen, um es zu entziffern. Denken Sie daran, wenn Sie eine Headline für ein Plakat texten.

Bei Plakaten spielt häufig das Bild eine große Rolle. Die Kombination von Bild und Text. Deshalb ist es hier wichtig, daß Texter und Grafiker eng zusammenarbeiten. Meist hat ein konzeptionell denkender Texter auch schon ein Bild im Kopf, wenn er seine Kernaussage entwickelt.

Teaser

Um die Spannung zu erhöhen, werden manchmal Teaser-Kampagnen gestartet. Auf einem Plakat von Kastner & Öhler erschien zunächst nur:

Kurz darauf die Lösung:

Mit freundlicher Genehmigung von Demner, Merlicek & Bergmann. Werbeagentur: Demner, Merlicek & Bergmann; Text:Johannes Krammer; Foto: Thomas Popinger.

»Ohne ein Jahr Garantie!« So wird mit Humor ein Kundennutzen vermittelt: Das Kaufhaus gibt auf alle Artikel ein Jahr Garantie.

Es gibt Plakate, die völlig auf Text verzichten. Dort finden Sie meist nur noch das Logo und einen Markennamen (Diesel, Benetton). Das funktioniert nur bei Firmen und Marken, die einen überaus hohen Bekanntheitsgrad erreicht haben.

Wie sieht Ihr Konzept für Ihre Anzeige aus?

■ Welche Kommunikationsziele soll Ihre Anzeige erreichen?
Soll sie unterhalten, informieren oder Denkanstöße geben?

■ In welchem Medium erscheint Ihre Anzeige?
In einer Fachzeitschrift, in einer Tageszeitung oder im Internet?

■ An welche Zielgruppe richtet sich Ihre Anzeige?
Sind es ältere Menschen, Jugendliche, Singles oder Familien?

■ Liegen Ihnen Marktforschungsergebnisse vor, die Sie berücksichtigen können oder müssen?

■ Welches sind die einzigartigen Vorteile (USP) Ihres Produktes?
Welchen besonderen Kundennutzen bietet das Produkt/Angebot?

■ Wie sieht die Werbelinie bzw. Philosophie des Unternehmens aus, für das die Anzeige steht? Wirbt es beispielsweise preisaggressiv, betont es den Umweltschutz oder soziales Engagement?

All diese Fragen haben Sie geklärt. Ihre Hauptaussage, die Botschaft, steht fest. Sie haben eine Idee, ein optisches Konzept. Sie notieren zunächst alles, was Ihnen spontan zum Thema einfällt. Worte, Assoziationen. Dann entwickeln Sie die Copy-Strategie, das Inhaltskonzept für Ihre Anzeige. Vielleicht singen Sie die »AIDA-Oper« für die Dramaturgie (siehe Seite 32).

Dann geht's an die Feinheiten. Das Formulieren. Und hier gilt: learning by doing. Üben. Üben. Üben. Wenn Sie die genannten Regeln beachten, kann gar nichts mehr schiefgehen.

Es gibt aber auch Anzeigen, die gegen alle Regeln der Kunst verstoßen, die völlig unspektakulär aufgemacht sind und dennoch von der ersten bis zur letzten Zeile gelesen werden. Weil sie spannend und unterhaltsam sind. Wie diese Personalanzeige:

Die beste Art, einen Art Director zu verlieren.

Es ist furchtbar. Und es tut weh. *Wirklich weh,* wenn
von heute auf morgen ein guter Art Director geht.
Wir wissen das, schließlich haben wir gerade selbst einen verloren. Und nicht den schlechtesten, nein, wirklich nicht.

Deshalb suchen wir jetzt einen neuen.

Und es könnte ja sein, daß ausgerechnet Ihr AD plötzlich unser
AD werden möchte. *Dann haben Sie einen verloren.*

Und dann?

Also, wir raten Ihnen: *Nicht einmal ignorieren.* Lächelnd darüber
hinweggehen. Das funktioniert zwar nicht, sieht aber gut aus.

Oder Sie versuchen ihn zu halten, aber im Vertrauen:
Das klappt ja meistens doch nicht, nicht wahr? Wir
haben es selbst erlebt – wieviel Gold und Silber es auch gereg-
net hat, *plötzlich bedeutet das alles nichts mehr.*

Gut, zugegeben, manchmal war auch Bronze dabei.

Also dann lieber – Aus. Schluß. Vorbei.

Reisende soll man nicht aufhalten.

Gut ist auch das *Prinzip Hoffnung.* Sie sagen sich einfach, in Ordnung, der lernt jetzt woanders, was ihm noch fehlt,
und dann kommt er perfekter denn je zurück. Sie werden sehen,
da fühlen Sie sich auf Anhieb besser.

12 Sekunden lang.

Wie gesagt, wir suchen jetzt einen guten Art Director. Und wenn es einer aus Ihrer Agentur wird und Sie möchten
mit jemandem reden, der Ihren Kummer versteht, dann rufen
Sie uns einfach an.

Natürlich auch, wenn Sie zufällig Art Director sind.

Demner & Merlicek, Lehargasse 9–11, 1060 Wien, Tel.: 0222/588 46-0,
Dr. Harry Bergmann oder Mariusz Jan Demner.

Eine Studie über Werbewirkungsforschung, die Trend/Profil-Studie, gibt sinngemäß folgende »Gestaltungsempfehlungen« für Headlines in Anzeigen:

■ Die zentrale Werbebotschaft in die Headline. Möglichst auch der Markenname.

■ Konkret, anschaulich und bildhaft formulieren. Das kommt schneller beim flüchtigen Betrachter an.

■ Kurz halten. Fünf bis acht Wörter, die sich von allen anderen grafischen Elementen deutlich abheben.

■ Negative Wörter vermeiden, wie »unglücklich«, »ungewöhnlich« ... Diese »UN-Wörter« brauchen länger zur Verarbeitung!

■ Aktiv formulieren, keine Passivsätze! Passivkonstruktionen wirken umständlich und kompliziert.

Zu Headlines, die aus einer Frage bestehen, gibt es offensichtlich geteilte Meinungen und keine einheitlichen Ergebnisse. Ich empfehle Fragen. Sie lockern auf und beziehen den Leser ins Geschehen ein.

Checkliste für einen packenden Text

Headline **X** = in Ordnung

1. Ist die Schlagzeile leicht lesbar? .... ☐

2. Wendet sich die Schlagzeile unmittelbar an Sie? .... ☐

3. Wenn nicht, dient sie als Überschrift einer Erzählung? .... ☐

4. Ist das Thema der Schlagzeile interessant? .... ☐

5. Führt sie vom Bild zum Text hinüber? .... ☐

6. Veranlaßt die Formulierung der Schlagzeile Sie zum Weiterlesen? ☐

7. Klingt die Schlagzeile glaubhaft und vernünftig? .... ☐

8. Stellt sie Ihr Interesse dem des Werbungtreibenden voran? .... ☐

9. Vermeidet sie das vorzeitige Verderben der ganzen »Pointe«? ...... ☐

Anzeigentext ☒ = in Ordnung

10. Behandelt der erste Satz eines Ihrer eigenen Probleme oder Interessen? .... ☐

11. Ist der erste Absatz kurz genug, um schnell aufgenommen zu werden? .... ☐

12. Vollzieht sich die Einführung des Erzeugnisses in gefälliger und vielversprechender Art und Weise? .... ☐

13. Regt der Text in Ihnen eine eindeutige starke Neigung zum Kauf an? .... ☐

14. Erweckt der Text in Ihnen das Gefühl, daß der Kauf für Sie eine dringende Angelegenheit ist? .... ☐

15. Glauben Sie alle im Text aufgestellen Behauptungen und Mitteilungen? .... ☐

16. Fühlen Sie, daß Ihr Kauf der Ware gerechtfertigt ist? .... ☐

Quelle: Nach Wiseman, Moderne Anzeigenwerbung, Europäische Verlangsanstalt, Frankfurt/M.

Testen Sie selbst! Überprüfen Sie die Wirksamkeit eines Textes kritisch.

Jedes Kind braucht einen Namen. Und manchmal ein Produkt, eine Firma, ein Angebot.

Es gibt ehrbare Familiennamen, die sich nicht gerade zur Namensgebung eines Unternehmens eignen. Oder würden Sie einer Immobilienverwaltung trauen, die Schwindel heißt? Vor allem kleinere Firmen haben originelle Namen für sich entdeckt.

Wie würden Sie einen Friseurladen nennen?

Headline
Querkopf
Haarakiri
Haarscharf
HaareM

Ein Textbüro?

Klartext
Schreibstube
Schmierfinken

Ein Reinigungsunternehmen?

Blitz-Blank
Saubermann
pico bello

Bei der Namensfindung sind Ihnen keine Grenzen für kreative Wortspiele gesetzt. Zerstückeln Sie Worte in ihre Bestandteile, setzen sie sie neu zusammen, arbeiten Sie mit Assoziationen, Symbolen.

Prospekte und Broschüren

Auch für ein Prospekt oder eine Broschüre gilt die gleiche Vorgehensweise: Konzept, Copy-Strategie und Dramaturgie, Formulieren.

Überlegen Sie sich genau, was Sie mit Ihrem Prospekt oder Ihrer Broschüre vermitteln wollen. Wollen Sie beispielsweise:

■ informieren

■ ein bestimmtes Image transportieren

■ ein Produkt präsentieren

■ ein Angebot machen

■ etwas verkaufen

■ eine Neuigkeit mitteilen?

Wer liest Ihr Prospekt oder die Broschüre? Wie läßt sich die Zielgruppe beschreiben? Sind es Stammkunden? Oder Menschen, die noch nie etwas mit dem Produkt zu tun hatten? Wie einfach läßt sich Ihr Produkt darstellen? Gibt es Fotos oder Zeichnungen?

Je nach Antwort auf diese konzeptionellen Fragen, richtet sich Ihr Ansprachestil, die Ausführlichkeit, die komplette Textgestaltung.

Weniger ist auch im Text oft mehr. Weniger, aber treffender.

■ Gliedern Sie Ihre Texte übersichtlich.

■ Bilden Sie mit den Headlines einen roten Faden. Führen Sie den Leser durch das Werbemittel.

■ Vertrauen Sie nicht darauf, daß jede Zeile gelesen wird. Verstecken Sie deshalb wichtige Botschaften nicht im Fließtext.

■ Wenden Sie sich an das Herz Ihres Adressaten. Appellieren Sie an sein Gefühl.

Der Mensch reagiert zum Großteil emotional. Der erste Eindruck zählt. Und dieser wird ganz vom Gefühl gesteuert. Erst dann überprüft der Verstand die Richtigkeit des Eindruckes. Dann setzen Sie mit weiteren Argumenten ein und beweisen Ihre Thesen.

Beachten Sie die Grundregeln

■ Texten Sie nie ohne Konzept.

■ Finden Sie die Hauptaussage.

■ KISS. Schreiben Sie einfach, kurz, klar, konkret und verständlich.

Seien Sie kreativ!

Das sagt sich so leicht. Ich habe zwei Plakate desselben Inhalts gesehen. Sie sollten sagen: Halten Sie Abstand auf der Autobahn. Auf dem einen Plakat stand:

Mit Abstand – Gute Fahrt!

Auf dem anderen war zu lesen:

Sie fahren mit Abstand am besten.

Was glauben Sie, welches besser ankommt?

Texten Sie gezielt

Sie schreiben nicht für sich, sondern texten für eine bestimmte Zielgruppe. Halten Sie sich Ihren Empfänger vor Augen. Was haben Sie ihm zu sagen? Was könnte ihn interessieren?

Sprechen Sie das Gefühl an

Auch wenn es viele nicht wahrhaben wollen: Alle Menschen reagieren emotional – erst dann überprüft der Verstand die Entscheidung. Sprechen Sie also zuerst das Gefühl an. Und liefern Sie dann dem Verstand die überzeugenden Argumente. Bedenken Sie: Für den ersten Eindruck gibt es keine zweite Chance!

Tun Sie das Unerwartete

Am wirksamsten ist oft, das zu tun, was andere nicht erwarten. Allen Regeln zum Trotz! Verlassen Sie sich auf Ihr Gespür.

Teil 4:
Direkt-Marketing/Dialog-Marketing

Direkt-Marketing hat heute seinen unbestrittenen Platz im modernen Marketing-Mix. Die Entwicklung ging von der »Direkt-Werbung«, die in den siebziger Jahren ihren Aufschwung nahm, zum »Relationship-Marketing« oder »Dialog-Marketing«.

Die persönliche Ansprache wurde in der Kommunikation zunehmend wichtiger, weil

- die Waren immer ähnlicher wurden (»Me-too-Produkte«)

- die Konkurrenz am Markt wuchs

- die Bedürfnisse der Verbraucher sich verändert haben und individueller, differenzierter wurden

- sich neue Medien rasant entwickelten

- die Gesellschaft sich verändert hat und neue Strömungen, Entwicklungen hervorgebracht hat (zum Beispiel die Umweltschutzbewegung)

Dialog-Marketing nennt die Basis des Direkt-Marketing beim Namen. Es geht um den Dialog. Den Dialog mit Interessenten, Mitgliedern, Kunden und Geschäftspartnern – mit der genau definierten Zielgruppe. Direkt. Persönlich.

Jeder Texter im Direkt-Marketing ist auch als Konzeptioner und Dialog-Marketing-Fachmann/frau gefordert. Bevor Sie also ans Texten gehen, sollten Sie einige grundsätzliche Überlegungen zum Dialog-Marketing kennen.

Was kann Dialog-Marketing?

... zum Beispiel:

Interessenten und Neukunden gewinnen	Adressen generieren
Kontakt zu Kunden pflegen	Kunden binden
Angebote direkt verkaufen	etwa im Versandhandel
(passive) Kunden reaktivieren	Mitglieder zurückgewinnen
Termine vereinbaren	den Außendienst unterstützen
Wettbewerbe inszenieren	Umsätze steigern
Zu Spenden aufrufen	Organisationen fördern
Dienstleistungen anbieten	Versicherungen abschließen
Neue Produkte einführen	vom Hersteller zum Händler

Eine persönliche Ansprache kann bei vergleichbaren Produkten Wunder wirken. Wenn Sie die Bedürfnisse der Kunden und Interessenten kennen. Und wenn Sie gezielt darauf eingehen. Langfristig. Mit der richtigen Strategie.

Vor allem die Kundenbindung wird heute großgeschrieben, weil Stammkunden einen Großteil des Umsatzes bringen (80 Prozent Umsatz mit 20 Prozent der Kunden). Laufend Neukunden zu werben ist relativ aufwendig und zahlt sich meist erst nach längerer Zeit aus (im Versandhandel rechnet man mit etwa drei Jahren).

In Empfehlungsaktionen, sogenannte Member-gets-member-Aktionen, werben die Kunden für das Unternehmen neue Kunden und werden dafür mit einer Prämie belohnt. Ein erfolgreiches Konzept.

Innerhalb eines Unternehmens kann eine Dialog-Marketing-Aktion für Mitarbeiter die Verkaufsziffern hinaufschrauben. Auch im Business-to-business-Bereich setzt man Direkt-Marketing ein, beispielsweise wenn ein Hersteller sein neues Produkt im Handel plazieren möchte.

Es gibt viele Möglichkeiten. Zunächst muß das Konzept stehen und die Strategie. Dann erst folgt die Umsetzung.

Umsetzung

Die Werbemittel im Dialog-Marketing unterscheiden sich wesentlich von denen der klassischen Werbung:

- ■ Das Werbemittel muß nicht nur gut kommunizieren, sondern auch eine Reaktion bewirken.

- ■ Der Rücklauf (Response) ist exakt meßbar. Allerdings hängt der Erfolg von vielen Faktoren ab.

- ■ Selbst scheinbar kleine Versäumnisse und Fehler können zum Flop führen.

Deshalb sind gerade im Dialog-Marketing wichtige Regeln zu beachten, die auch für den Text gelten — wenngleich angenommen wird, daß die Kreation, die Umsetzung (Text und Grafik), nur zu ca. zehn Prozent den Ausschlag für eine Kaufentscheidung gibt. Klar. Niemand kauft sich ein Produkt, das er nicht gebrauchen kann, nur weil ein Mailing besonders schön gestaltet ist ...

Das fiktive Verkaufsgespräch

Nehmen Sie an, ein Verkäufer will Ihnen ein Elektrogerät verkaufen. In einem Geschäft. Er berät Sie, sieht Ihre Reaktion auf seine Aussagen, er entkräftet Ihre Gegenargumente, Sie zögern, er hakt sofort ein und nennt einen weiteren Vorteil usw.

Der Verkäufer im persönlichen Gespräch

... genießt Ihre ungeteilte Aufmerksamkeit,

... sieht Ihre Mimik und Gestik,

... kann spontan reagieren,

... kann Ihre Fragen beantworten,

... kann Ihnen zum Elektrogerät noch das passende Zubehör verkaufen.

In einem persönlichen Gespräch entscheiden Sympathie, die Demonstration des Produktes und das Verhandlungsgeschick bzw. die Überzeugungskraft des Verkäufers.

Wie aber sieht es aus, wenn Sie Ihr Produkt schriftlich verkaufen möchten? An eine ausgewählte Zielgruppe.

Der schriftliche Dialog

Sie bauen ebenfalls einen Dialog auf. Genauso, wie ein Verkäufer ein Gespräch mit seinem Kunden führt.

Manchmal in mehreren Stufen. Mit verschiedenen Absichten. Sie können schriftliche Dialoge führen zur Information, Beratung, Kontaktpflege. Sie können Service bieten oder zu einer Messe bzw. einem Event einladen. Oder ein Produkt verkaufen – wie in unserem Fall des Elektrogerätes.

Der erste Eindruck

Wie schaffen Sie es, daß Ihr Leser Ihnen zuhört und sich für Ihr Produkt interessiert?

Gehen Sie davon aus, daß niemand gespannt zu Hause sitzt und auf Ihre Werbebotschaft wartet. Leider! Und stellen Sie sich vor:

Der Empfänger ...

... hat keine Zeit.

... ist mit Informationen überlastet. Dadurch nimmt er nur noch selektiv wahr. Und zwar das, wovon er sich einen Vorteil verspricht.

... öffnet Ihr Mailing in einer Situation, die Sie nicht kennen. Hat schlechte Laune, gerade alle Hände voll, das Kind schreit ...

... ist generell skeptisch gegenüber Werbung eingestellt.

Und dennoch wollen Sie mit ihm reden!

Sie brauchen also einen guten Gesprächseinstieg. Sie müssen die Aufmerksamkeit Ihres Adressaten erregen, einen guten ersten Eindruck hinterlassen und sein Vertrauen gewinnen.

Da nutzt Ihnen die intelligenteste Headline mit dem wunderbarsten Wortspiel nichts, wenn Sie nicht das Prinzip des Dialoges kennen.

Die Dialog-Methode

Siegfried Vögele lehrte die von ihm entwickelte Dialog-Methode jahrelang mit großem Erfolg. Danach ist das Gehirn stets auf der Suche nach Vorteilen. Findet der Empfänger Ihres Mailings in 20 Sekunden keinen Vorteil, wandert das Mailing in den Papierkorb. Wird aber – bildlich wie textlich – ein Dialog aufgebaut, der die Fragen des Lesers beantwortet und die Suche nach Vorteilen befriedigt, erhalten wir eine positive Reaktion (JA).

Der Dialog besteht also aus »kleinen JAs«, nach denen man weiterliest und aus »kleinen NEINs«, bei denen man im schlimmsten Fall aufhört zu lesen.

Die Formel der Dialog-Methode lautet:

→ **Ist die Summe der kleinen JAs größer als die der kleinen NEINs, antwortet der Empfänger mit einem großen JA, seiner Reaktion, dem begehrten Kreuzchen auf der Antwortkarte.**

JA = $\sum$ **ja, ja, ...** > $\sum$ **nein, nein ...**

Es gilt also, gerade im Text, dem Leser möglichst viele kleine JAs (Kaufsignale) zu entlocken und möglichst keine NEINs zu provozieren. Wir kennen Verstärker, die ein JA unterstützen und Filter, die ein NEIN im Dialog verursachen.

Die Dialog-Methode hilft uns beim logischen Ablauf und Textaufbau eines Direkt-Werbemittels. Doch Vorsicht: Was in der einen Zielgruppe als Verstärker gilt, kann für die nächste Zielgruppe ein Filter sein. Die genaue Analyse der Zielgruppe und die gute Idee kann auch die beste Methode nicht ersetzen.

Die Ws im inneren Dialog

Wie läuft ein solcher Dialog mit dem Empfänger meines Mailings ab? Wie kommen die kleinen JAs und schließlich das große JA zustande? Was muß ich beim Texten wissen?

Der Leser stellt permanent Fragen an das Papier. Der Text antwortet. Schließlich ist sonst keiner da, der ihm etwas erklären könnte. Die Fragen des Lesers lauten beispielsweise:

■ Wer schreibt mir?

■ An wen schreibt er? An mich persönlich?

■ Was schreibt er mir?

■ Warum schreibt er mir?

■ Was bringt mir das?

■ Wie schreibt er mir?

■ Was soll ich tun? Wann? Wo?

Auf solche und ähnliche Fragen muß der Text Antworten geben. Der Texter muß also vorher einen inneren Dialog mit seiner fiktiven Zielperson führen und dabei alle Fragen, die der Empfänger seiner Botschaft haben könnte, beantworten.

Dabei spielt die Reihenfolge der Antworten eine wesentliche Rolle. Was steht wo? Die Studien mit der Augenkamera sind dabei von großem Nutzen, damit ich den Blickverlauf bewußt auf die Vorteile lenken kann. Sie finden ein Beispiel auf der Seite 59 bei der Beschreibung des Werbemittels Brief.

Doch versuchen wir zunächst weiter, uns in die Situation des Lesers, des Verbrauchers, zu versetzen. Nur mit ein wenig Psychologie können wir einen treffsicheren Dialog führen.

Kaufmotive

Machen Sie sich die (Handlungs-)Motive Ihres Empfängers bewußt. Kein Mensch kauft einen Haartrockner, weil er Haartrockner so toll findet, sondern weil er nasse Haare trocknen will und eine schöne Frisur haben möchte.

»Man kauft kein Produkt, man erfüllt sich einen Wunsch«, sagt Klaus Prochazka treffend.

Es gibt viele Wünsche, die man sich erfüllen will. Und somit viele Motive, sich etwas zu kaufen. Man will zum Beispiel (nach Stone, Ross und Gerardi/Hoke):

- Geld sparen
- Zeit sparen
- Anstrengungen vermeiden
- Bequemlichkeit schaffen
- die Gesundheit fördern
- die Familie schützen
- den Wohlstand mehren
- Erfolg haben
- beliebt sein
- mehr wissen
- nicht unangenehm auffallen
- mitreden können
- mit der Mode gehen
- angeben
- als originell gelten
- etwas Gutes bewirken
- eine Gelegenheit nutzen
- sich verwöhnen
- »in« sein ...

Diese Liste können Sie beliebig fortsetzen.

Gefühlssache

Zur »Psychologie« Ihrer Zielpersonen gehört mehr als das Wissen um die möglichen Kaufmotive.

Bedenken Sie beim Texten: Die meisten Kaufentscheidungen finden auf der Gefühlsebene statt! Sprechen Sie also vor allem die emotionale Seite an.

Mit Victor O. Schwab gesprochen:

→ Zeigen Sie einen Vorteil (Emotion). Beweisen Sie den Vorteil (Vernunft).

Emotional zeigen Sie den Vorteil in der Abbildung und in der Headline. Rational beweisen Sie den Vorteil im Bild, beispielsweise mit einem Zertifikat (Garantie) und in der Copy mit Argumenten oder etwa einem Testimonial.

Und noch etwas: Ihr Empfänger kann die angebotene Ware nicht anfassen – er ist auf Ihre schriftliche Information angewiesen. Er muß sich ein Bild von Ihrem Angebot machen können. Aus welchem Material es besteht oder was es beinhaltet, wie er bestellen kann, wie er bezahlt, welche Garantien es gibt usw.

Sie sehen, für erfolgreiches Dialog-Marketing sind verschiedene Voraussetzungen zu erfüllen. Deshalb gilt auch hier die bereits genannte Grundregel:

→ Keine Aktion ohne Konzept!

Die sieben Ws fürs Konzept kennen Sie schon. Sie gelten gleichermaßen für Dialog-Marketing-Maßnahmen. Mit ein paar zusätzlichen Informationen.

Wer?
(Kunde)

Welches Unternehmen wirbt? Bekannt oder
unbekannt?

An wen?
(Zielgruppe)

An welche Zielgruppe richte ich mich?
Wie sieht die Database aus?
Welche Adressen stehen zur Verfügung?
Habe ich einen konkreten Ansprechpartner?
Achtung: Die richtige Adresse ist der halbe Erfolg!

Wo?
(Medium)

Welches Medium wird eingesetzt?
Responseanzeige oder Beilage – in welcher Zeitschrift?

Wie?
(Werbemittel)

Ich spreche meine Zielperson persönlich an.
In welchem Werbemittel? Response-Anzeige?
Mailing? Wie sieht die Gestaltung aus?

Was?
(Angebot)

Welches Produkt, welches Angebot biete ich an?
Was ist das Besondere daran? USP?
Vorteile für den Kunden? Warum soll er das kaufen?

Warum?
(Response-Ziel)

Was will ich erreichen?
Kauf? Information? Hinführung zu einem Händler
(z. B. zur Probefahrt)? Einladung zu einem Termin?

Wann?
(Terminplan)

Wie sieht der Terminplan aus?
Wann ist der günstigste Zeitpunkt für den Einsatz/
Versand? Bis wann soll der Response eintreffen?
Zeitliche Begrenzung? (Nachbearbeitung!)

Die Ws sind leicht einzuprägen.

Im Dialog-Marketing findet der Texter ein weites Feld: Neben den klassischen Mailings gibt es Promotions, Sales-Folder für Verkaufsförderungsaktionen, Beihefter, Gewinnspiele, Freundschaftswerbung (Member-gets-member), Einladungen zu Events oder Messen usw.

Jeder Teil eines Werbemittels erfüllt eine eigene Funktion. Daher werde ich nachfolgend die einzelnen Bestandteile eines Standard-Mailings im Detail analysieren. Natürlich gilt auch hier fürs Texten die bereits vorgestellte Vorgangsweise: Zuerst machen Sie das Konzept, danach kristallisieren Sie die Kernaussage heraus, erarbeiten ein Inhaltskonzept, die Copy-Strategie und texten dann Headlines und Copy.

→ **Praxis-Tip:**

Überfordern Sie Ihre Leser nicht. Vermitteln Sie pro Mailing möglichst nur eine Hauptbotschaft, um die sich alles dreht. Denken Sie daran: Mailings kommen unaufgefordert ins Haus ...

Das Standard-Mailing

Es besteht aus:

- ■ Versandtasche, Couvert (Seite 56)

- ■ Brief (Seite 58)

- ■ Folder, Prospekt (Seite 65)

- ■ Dialogteil, Responseteil (Seite 70)

Wie kann ich die schlimmste Bedrohung meines Mailings – den Papierkorb – umgehen? Wie erreiche ich, daß der Empfänger mit einem Kopfnicken immer weiterliest und am Ende auf den Dialog mit einem eindeutigen **JA** antwortet?

Beginnen wir mit dem, was unser Adressat zuerst sieht, dem Couvert.

Post ist persönlich. Privat. Ein Persönlichkeitsrecht, geschützt durch das Briefgeheimnis. Jeder bekommt gerne Post. Aber: Bekommt auch jeder gerne Werbung?

Der erste Eindruck entscheidet: Öffne ich das Couvert oder werfe ich es ungeöffnet in den Papierkorb?

Warum öffne ich ein Couvert, auch wenn ich erkennen kann, daß es sich um Werbung handelt? Weil ich neugierig bin, was im Umschlag steckt. Weil ich den Absender kenne und Kunde bin. Weil man mir einen Vorteil verspricht.

Bei einem Mailing muß also schon der Umschlag »verkaufen«, zum Öffnen animieren.

Leider gibt es auch für die Versandhülle kein Patentrezept. Dafür zwei gegensätzliche Empfehlungen:

Das neutrale Couvert

Ohne Headline, ohne Aufdruck. Nur mit einer schönen Sondermarke. Meist im Business-to-business-Bereich eingesetzt.
Positive Reaktion des Empfängers: Vielleicht ist es privat? Oder eine Nachricht einer Firma (Rechnung?!), bei der ich Kunde bin? Signalisiert Geschäftsverbindung. Seriös. Ich öffne.
Risiko: Wenn die Erwartung nicht erfüllt wird, ist der Empfänger enttäuscht.

Das werbliche Couvert

Werblich gestaltet, um keine falsche Erwartungshaltung hervorzurufen. Eine starke Headline bietet den Anreiz zum Öffnen.
Für Privatadressen.
Positive Reaktion: Aha, Werbung. Wo ist mein Vorteil? Kann ich etwas gewinnen? Wenn die Aussage einen für mich interessanten Vorteil verspricht, öffne ich.
Risiko: Wird ungeöffnet weggeworfen, *weil* es sich um Werbung handelt ...

Teaser

Laut einer amerikanischen Untersuchung sinkt die Aufmerksamkeit der Menschen um 33 Prozent, wenn sie auf dem Umschlag nachlesen können, worum es hinter der Hülle geht. Aha, Werbung! Andererseits steigern »Teaser« das Interesse um 25 Prozent.

Ein »Teaser« ist ein »Neugierigmacher«. Er gibt ein Rätsel auf, das beispielsweise im Inneren des Couverts gelöst wird. Das Entscheidende des Teasers (meist eine Headline): Er soll einen Vorteil versprechen.

Beispiele:

> *Jetzt haben Sie die letzte Chance zu gewinnen.*
>
> *Wissen Sie, wie Sie Ihr Monatsgehalt verdoppeln können?*
>
> *Hier steht drauf, was für Sie drin ist.*

Einen Anreiz zum Öffnen bieten Gewinnchancen, Gratisproben, Geschenke usw. Aber auch originelle Aussagen, die zum Weiterlesen bewegen. Doch: Verraten Sie nicht zuviel auf dem Couvert! Sie müssen schließlich das Interesse des Lesers bis zum Response wachhalten.

Die Rückseite

Tests mit der Augenkamera haben ergeben: Beim Öffnen des Couverts mit dem Brieföffner betrachtet man länger die – meist unbedruckte – Rückseite! Nutzen Sie diesen prominenten Platz für Ihr Logo oder für Ihre Botschaft, wenn es das Konzept erlaubt.

Gehen wir weiter. Nehmen wir an, der Empfänger hat das Couvert geöffnet. Welchen Teil des Standard-Mailings liest er zuerst?

Der Brief in einem Mailing gilt als Verstärker. Oft findet der persönliche Dialog mit der persönlichen Anrede – aus Kostengründen – nur im Brief statt. Und hier ist er besonders wichtig. Nutzen wir diese Chance. Denn der Brief ist das kompakteste Werbemittel, in dem bereits alle Fragen des Lesers kurz beantwortet werden.

Aus diesem Grund bestehen viele »Mailings« nur aus einem Brief. Mit Antwortkarte oder Angabe einer Telefonnummer. Und manchmal genügt das sogar. Am Brief läßt sich exemplarisch das Prinzip des Dialog-Marketing darstellen.

Formale Kriterien

Was passiert beim Lesen eines Werbebriefes?

Der Kurz-Dialog

Zunächst überfliegt der Empfänger den Brief. Durch die Augenkamera wissen wir, daß der Blickverlauf beim Brief in einer S-Kurve verläuft: Vom Absender zur Anrede (Wer schreibt mir? An mich persönlich? Mein Name!) und Anschrift (Stimmt meine Adresse?) über den »Aufreißer« (Headline, Johnson-Box) zum ersten Satz (Worum geht es?) – diagonal über den Text zur Unterschrift (Wer hat unterschrieben?) und weiter zum PS. Es findet ein »Kurz-Dialog« statt – in wenigen Sekunden. Erst danach beginnt der Rezipient zu lesen – falls das Interesse geweckt ist.

Postskriptum

Das PS wird heute nur noch in rund 35 Prozent der Fälle beachtet (Abnutzungseffekt), je nach Zielgruppe. Wenn die Unterschrift zu klein ist, wird der Blick nicht bis nach unten zum PS »gezogen«. Das PS sollte sich optisch deutlich abheben (genügend Abstand zwischen Unterschrift und Fußzeile). Überlegen Sie, welchen Vorteil Sie inhaltlich im PS plazieren.

Stopper

Um den Blick aufzufangen, kann man sogenannte »Eye-catcher«, die den Blickverlauf stoppen (Stopper), einbauen. Das sind gestaltete Elemente. Abbildungen und Logo, aber auch eine Headline.

ABC Versicherungsanstalt

Herr
Max Mustermann

Musterstraße 20
1010 Musterort

Kiel, 10.5.2000

Wir danken für Ihre Treue

Sehr geehrter Herr Max Mustermann,

vor Jahren haben Sie uns Ihr Vertrauen geschenkt und Ihr Fahrzeug bei uns
versichert. Heute wollen wir uns bei Ihnen für Ihre Treue bedanken und
überreichen Ihnen beiliegend das

Treue - Vorteils - Scheckheft

mit vielen Vorteilsangeboten. Diese gelten ausschließlich für unsere lang-
jährigen und treuesten Kunden. Wenn Sie mit uns zufrieden sind, dann empfehlen Sie uns an Ihre Freunde und Bekannten weiter.

Möchten Sie auch einmal eine Woche lang mit einem Luxusauto freie
Fahrt genießen oder 3.000 Liter Benzin gewinnen? Dann laden wir Sie herzlich
zu unserem Treue-Gewinnspiel ein! Benützen Sie dazu bitte Ihre Beratungsschecks
im Treue-Vorteils-Scheckheft.

Mit jeder Empfehlung erhöhen Sie Ihre Gewinnchance!

Als preisgünstigste und servicestärkste Versicherung unter den größten
Österreichs werden wir auch in Zukunft bemüht sein, Ihnen "etwas mehr"
zu bieten. Ihre Zufriedenheit ist unser Ziel! Wir wünschen Ihnen viel
Glück und verbleiben

mit freundlichen Grüßen

Dir. Hans Maier
Bereich Autoversicherung

PS: Werfen Sie einmal einen Blick in Ihr persönliches Treue-Vorteils-Scheck-
    heft. Sie werden überrascht sein, wie viele Vorteile wir für Sie vorbe-
    reitet haben.

Die Johnson-Box

Ein solcher Stopper ist die »Johnson-Box«. Dieser »Aufreißer« steht anstelle des bekannten »Betreffs« im Geschäftsbrief und kommuniziert das Motto einer Aktion, einen besonderen Vorteil bzw. die Botschaft, die Sie Ihrem Empfänger mitteilen möchten:

> **Wie Sie Ihren Mann dazu bringen, das Geschirr zu waschen anstatt das Auto.**

Aufbau

Nach Wolfgang Koestner ist auch der formale Aufbau eines Briefes wichtig für die Reaktion des Lesers:

1. Korrekte Empfängeranschrift.

2. Schlagzeile, die Nutzen verspricht.

3. Persönliche Anrede.

4. Erster Satz weckt Interesse und motiviert zum Weiterlesen.

5. Vorteile des Angebots werden übersichtlich herausgehoben.

6. Handlungsaufforderung (»Senden Sie uns jetzt ...«).

7. Persönliche, lesbare Unterschrift.

8. Das PS kommuniziert einen Vorteil, macht ein Versprechen oder ruft nochmals zur Handlung auf.

Gliederung

Kurze Absätze erleichtern das Lesen. Briefe mit zwei- bis dreizeiligem Abstand werden meist sofort gelesen. Bedenken Sie, daß das menschliche Auge sich nur auf 2 bis 3 cm konzentriert – das bedeutet, daß die Zeilen nicht zu lang sein dürfen. Wählen Sie auch eher kürzere Wörter. Gehirnforscher haben herausgefunden, daß der Mensch neue Wörter dann auf einen Blick erfassen kann, wenn sie nicht mehr als sieben Buchstaben haben.

Länge

Wie lang darf ein Werbebrief sein? Länger als eine Seite?

Grundsätzlich gibt es keine Beschränkungen. Es gibt sieben Seiten lange Briefe, die in die Werbegeschichte eingegangen sind, weil sie einen umwerfenden Erfolg hatten. Kaufen Sie etwa ein Buch, weil es dünn ist? Nein. Sie kaufen es, weil der Titel Ihnen eine interessante Story verspricht. Oder?

Vielleicht nehmen Sie als Grundregel:

➜ Ein Brief ist so kurz wie möglich und so lang wie nötig.

Im Business-Bereich bewährt sich ein kurzer Brief (3/4 Seite), im Consumer-Bereich, vor allem bei Non-Profit-Organisationen, können Briefe auch zwei Seiten lang sein.

Wenn Sie eine spannende Geschichte ganz persönlich erzählen können, dürfen Sie ruhig mehr schreiben. Hauptsache, interessant. Wenn Sie keine Story erzählen und ein erläuternder Folder/Prospekt beiliegt, fassen Sie sich kurz. Sagen Sie dem Leser lieber, was er jetzt tun soll. Daß man auch die Verlängerung eines Zeitschriften-Abonnements originell verkaufen kann, zeigt das Briefbeispiel auf Seite 62.

Tips zum Verfassen eines Briefes

■ Achten Sie darauf, daß die Elemente, die zuerst wahrgenommen werden, für den Leser interessant sind. Sprich: einen Vorteil versprechen. Aufreißer, erster Satz, PS!

■ Der erste Absatz muß neugierig machen und sollte daher wohlüberlegt sein. Sprechen Sie den Leser direkt an.

■ Formulieren Sie einfach und verständlich. Schaffen Sie eine angenehme Atmosphäre.

■ Bleiben Sie sympathisch! Vermitteln Sie eine positive Grundstimmung. Wecken Sie Vertrauen.

■ Übertreiben Sie nicht. Seien Sie ehrlich. Überzeugen Sie.

■ Schreiben Sie wie gesprochen. Der Brief ist ein persönlicher Dialog, kein Werbeprospekt! Verwenden Sie ruhig solche Überleitungen:

Falter

Stadtzeitung Wien. Mit Programm.

Falter, Marc-Aurel-Straße 9, 1011 Wien

Frau
Helga ZIMMER-PIETZ

Viktorgasse 17/14
A-1040 Wien

Sehr geehrte Frau ZIMMER-PIETZ!

Dies ist ein eiskalter Bestechungsversuch!

Aus für gewöhnlich zuverlässigen Quellen haben wir erfahren, daß
in bereits sechs Wochen (!) Ihr FALTER-Abo ausläuft.

So geht das aber nicht!

Daß wir Ihnen das hier

(Zuckerl)

schicken, wissen nur Sie und wir. Und dabei soll's auch bleiben.
Denn daß Sie tatsächlich ein kleines "Freundschaftsgeschenk"
brauchen, um Ihr FALTER-Abo zu verlängern, wollen wir ja doch
nicht hoffen.

Wir wünschen Ihnen "Guten Appetit" bei der Vernichtung von obigem
Beweismittel.

Mit freundlichen Grüßen

Monika Mager
FALTER-Abo-Service
Tel. 533-46-37/28 DW

PS: Beiliegenden Erlagschein vernichten Sie aber bitte erst nach
bestimmungsgemäßem Gebrauch...

Falter Zeitschriften Gesellschaft m. b. H. Marc-Aurel-Straße 9, 1011 Wien, Tel. 0222/533 46 37-0, Fax 533 46 37-12
Sitz: Wien, FBNr.: HRB 38.875, HG Wien, Bankverbindung: Bank Austria 665 092 409 · DVR-Nr. 047 69 86

Bevor ich es vergesse ...

Aber noch besser ist ...

■ Scheuen Sie sich nicht vor der Ich-Form und sprechen Sie den Leser persönlich an.

Sie werden sich wundern.

Überzeugen Sie sich selbst.

■ Beweisen Sie Einfühlungsvermögen und übersetzen Sie Produktnutzen in Kundennutzen.

■ Alleinstehende Worte (zum Beispiel am Ende eine Absatzes) sollten keine negative Bedeutung haben.

Auch beim Brief gilt die Dramaturgie-Formel **AIDA** (Attention, Interest, Desire, Action). Und die Stilregel KISS (Keep it simple and stupid).

Formulieren Sie klar. Kurze Sätze, einfache Wörter, viele aktive Verben, keine Fremdwörter, wenig Adjektive (siehe Seite 29).

Checkliste für einen Werbebrief

☒ = in Ordnung

1. Adressat korrekt? (Name und Anschrift) .... ☐

2. Persönliche Anrede? Richtig? .... ☐

3. Möglichst in Schreibmaschinenschrift schreiben, auch wenn Sie viele Schriften in Ihrem Computer haben. .... ☐

4. Anstatt eines Betreffs ein »Aufmacher«? Achtung: Keine Kontoverbindung und juristische Klauseln auf Werbebrief! .... ☐

5. Kommt der erste Satz gleich zur Sache? Ist er kurz? .... ☐

6. Ist der Brief klar, übersichtlich und verständlich? Kann ich die »Message« sofort erkennen? (Kurz-Dialog) .... ☐

X J = in Ordnung

7. Kurze Absätze? Möglichst zwei bis drei Zeilen. Gliederung? Gestaltung? .... ☐

8. Kann man die Unterschrift lesen? .... ☐

9. Steht im Postskriptum (PS) ein Höhepunkt? (Gewinn-/Geschenkversprechen) .... ☐

Während der Brief persönlich adressiert ist, ist der Folder im Mailing leider oft (aus technischen oder Kostengründen) nicht »personalisiert«. Dennoch findet auch im Folder ein Dialog statt.

Der feine Unterschied

Ein Folder als Bestandteil eines Mailings unterscheidet sich wesentlich von einem herkömmlichen Prospekt. Der Mailing-Folder ist nicht etwa ein »Produktprospekt«, das lediglich ein Produkt auslobt und beschreibt, sondern ein aktiver »Verkäufer«. Verkaufen im übertragenen Sinn: Ich erreiche mein Reaktionsziel.

Involvementtechniken

Hier liegt der Dreh- und Angelpunkt für erfolgreiche Mailings. Der Folder führt den Dialog des Briefes weiter und setzt an den richten Stellen alle »Involvementtechniken« ein, die den Leser bis zur Reaktion führen.

»Involvementtechniken« sind Hervorhebungen, Hinweise, Wiederholungen, Hinführungen zum Response (Call for action). Der Leser wird »an der Hand genommen« und durch das Mailing geführt. Das geschieht idealerweise im Bild und im Text. Den Headlines kommen hier wieder besondere Bedeutung zu. Sie bilden den Wegweiser durch den Folder.

Deshalb ist es auch hier wichtig, sich zunächst ein Grundkonzept und das Inhaltskonzept (Copy-Strategie) mit den tragenden Hauptaussagen zu überlegen (siehe Seite 29).

Ein kleiner Tip: Lassen Sie sich nicht zum Vielschreiben verleiten, wenn Sie jede Menge Platz zur Verfügung haben. Gerade dann sollten die Seiten sinnvoll genutzt werden! Gliedern Sie streng und achten Sie auf die Dramaturgie mit den Hinführungsinstrumenten zum Response.

Wie Ihr Folder-Text letztendlich aussieht, hängt natürlich vom Thema ab.

Und von dem Ziel, das Sie mit Ihrem Mailing und dem Folder verfolgen. Zum Beispiel ...

■ können Sie Wünsche, die im Brief geweckt wurden, steigern

■ können Sie Versprechen geben, die eingelöst werden sollen

■ können Sie informieren und überzeugen. Bis zur Bestellung

Im Folder ist der Text untrennbar mit der Gestaltung verbunden. Enge Teamarbeit zwischen Text und Grafik sind ideal, um die gewünschte Wirkung zu erzielen: lauter kleine JAs des Lesers. Mit der richtigen Dramaturgie.

Die Headlines im Folder

Sie erinnern sich: Die Headline verspricht einen Vorteil für den Leser. Mit einer gut plazierten Headline können Sie:

■ Blicke anziehen und in den Fließtext führen

■ überraschen und neugierig machen

■ Mitteilungen verdichten (»zufrieden oder Geld zurück«)

■ fragen

■ erklärungsbedürftige Bilder erläutern

■ persönlich ansprechen

■ zur Aktion auffordern

Wichtige Hinweise

Damit der Leser wirklich reagiert, sind verschiedene Wiederholungen angebracht. Und Handlungshinweise. Was muß ich tun, um die Vorteile zu genießen?

Betonen Sie dies mehrfach. An der richtigen Stelle. Denken Sie immer daran, daß meist nur die Headlines überflogen werden und nur wenige eine Werbebotschaft Wort für Wort lesen.

Solche Hinweise können sein:

Jetzt abholen. Gratis für Sie.

Steigern Sie Ihren Ertrag mit der richtigen Bank.

Nutzen Sie die günstige Gelegenheit. Jetzt!

Schießen Sie los. Bis 28. Mai.

Mehr erfahren Sie, wenn Sie gleich anrufen.

Call for action!

Nehmen Sie einen entscheidenen Vorteil heraus, und fordern Sie den Leser direkt zur Reaktion auf! Je nach Gestaltung des Mailings auch mehrmals. Diese letzte Hinführung zum Response sollte dicht am Dialogteil stehen. Besprechen Sie mit der Grafikerin oder dem Grafiker, wo diese Hinweise am wirkungsvollsten zur Geltung zu kommen.

Beispiel:

Wir laden Sie ein zum Staunen. Sehen Sie selbst, welche unglaublichen Perspektiven die Farbkopier-Technik »Bubble-Jet« für Sie eröffnet. Rufen Sie uns einfach an.

Reaktionsverstärker

Sie mindern Hemmschwellen zum Response, wenn Sie Worte wie : »völlig unverbindlich«, »gratis«, »ohne Risiko« einfügen.

Weitere Rücklaufverstärker – wenn sie ins Konzept passen – sind:

- Early-bird: »Die ersten 100 Einsender erhalten ein Geschenk!«

- Verknappung: »Solange der Vorrat reicht« oder »limitierte Auflage«, »beschränkte Teilnehmerzahl«.

- Zeitliche Beschränkung: »Nur noch bis 31. Mai«.

- Gewinnchancen: »Mit diesem Teilnahmeschein können Sie gewinnen.«

Bildunterschriften

Bildunterschriften sind exponierte Textteile und werden deshalb bevorzugt gelesen. Erklären Sie nicht das Foto oder die Illustration, sondern nutzen Sie die Chance und beschreiben Sie den Vorteil für den Kunden!

Natürlich gelten auch für das Formulieren eines Folders die sprachlichen Grundregeln und die Formeln **KISS** und **AIDA** (siehe Seite 29 und 32).

Checkliste für Folder

X = in Ordnung

1. Beweist der Folder, was im Brief behauptet wurde? .... ☐

2. Weckt und steigert er Wünsche? .... ☐

3. Sind Reaktionsverstärker eingebaut? (Limitiertes Angebot, Zeitbegrenzungen, Incentives [Geschenke], Gewinnspiel) .... ☐

4. Paßt der Text zu den Bildern? .... ☐

5. Sind die Hinweise zum Response vorhanden? Wo? Wie oft? Deutlich? Weiß der Leser, was er tun soll? .... ☐

6. Kommt die Kernaussage an? .... ☐

7. Ist der Kundennutzen (anstelle des Produktes) erklärt? .... ☐

Testen Sie die nächste Aussendung, die Sie in Ihrem Briefkasten vorfinden, ob diese Kriterien erfüllt sind ...

Was nutzt das schönste Mailing, wenn der Empfänger nicht weiß, was er damit anfangen soll? Was bringt der beste Text, wenn der Leser nicht erkennt, wie er die Antwortkarte ausfüllen soll und wozu?

Das Response-Element ist das Wichtigste am ganzen Mailing. Es gibt viele Möglichkeiten: Antwortkarte, Telefonnummer, Bestellschein, Erlagschein, Coupon, Faxbrief, E-Mail usw. Dort wird die Entscheidung in die Tat umgesetzt: »Ja, ich will!«

Einfach

Machen Sie es Ihrem Leser leicht zu reagieren. Formulieren Sie klar und deutlich. Wiederholen Sie möglichst den Vorteil auf dem Response-Element.

Beispiele:

Mein Gutschein für optimale Sicherheit

X Ja, ich möchte sicher sein, daß ich bei meinen Versicherungen nicht draufzahle.

Bitte senden Sie mir kostenlos und unverbindlich Ihre praktische Dokumentenmappe mit Hefter, Ordnungshüllen und Sicherheits-Checkliste, in der ich alle meine Versicherungsunterlagen sammeln kann.

Gewinnlos

X Ja, ich möchte eine Wochenendreise in die Stadt meiner Träume gewinnen.

❏ Paris

❏ London

❏ New York

Traumziel bitte ankreuzen.

Eine Antwortkarte muß nicht Antwortkarte heißen. »Reservierung«, »Vorteilsscheck«, »Probebestellung«, »Geschenkbonus«, »Nervenspar-Fax« sind Bezeichnungen, die einen Vorteil beinhalten.

Ja oder nein?

Beschleunigend wirkt der Hinweis im Portofeld: »Porto bezahlt Empfänger«. Immer noch besser als »Bitte frankieren« ist: »Bitte freimachen, falls Briefmarke zur Hand«.

Ein »Nein« ist besser als keine Antwort! Immerhin hat der Leser reagiert – also Ihre Botschaft gelesen! Überlegen Sie vorher genau, welche »Ventilantworten« Sie einbauen können:

> Nein, momentan brauche ich Ihr Produkt nicht. Halten Sie mich aber weiter auf dem laufenden.

> Nein, ich möchte nichts bestellen, senden Sie mir zunächst weitere Informationen. Völlig unverbindlich.

Worauf Sie achten sollten

Bedenken Sie die Form der Antwort – heute wird vieles per Fax erledigt. Machen Sie Ihr Response-Element (an Geschäftspartner) faxfähig. Schreiben Sie gut sichtbar die Faxnummer darüber. Die Fragen der Logistik sollten schon im Vorfeld, im Konzept, geklärt sein.

Originelle Response-Elemente gibt es leider selten, wie etwa bei manchen Verlagen. Doch auch Antwortkarten kann man humorvoll texten:

> ❏ Das will ich mir anschauen.
> Denn ich glaube nur, was ich sehe.
> Bitte vereinbaren Sie mit mir einen Vorführ-Termin.

> ❏ Sie können mir viel erzählen ...
> Am besten bei mir im Büro.
> Bringen Sie auch gleich eine Preisliste mit.
> Rufen Sie mich vorher an.

Hemmschwellen abbauen

Der Leser muß aus der Antwortkarte genau ersehen, worauf er sich einläßt. Was bekomme ich genau? Was kostet das? Verpflichte ich mich zu irgend etwas? Kommt ein Vertreter ins Haus? Wie lange dauert das? Diese Antworten sollte man möglichst nicht in Juristendeutsch, als »Bedingungen«, schreiben, sondern positiv formulieren.

Bauen Sie Hemmschwellen ab. Vor allem dann, wenn der Reagierer eine Unterschrift leistet. Eine Unterschrift wirkt als Filter. Planen Sie deshalb eine Unterschrift nur dann ein, wenn es sich um eine verbindliche Bestellung handelt.

Und erwähnen Sie dann alle Vorteile: Rückgaberecht, Garantie usw. ebenso wie Lieferzeit, Zahlungsart usw. – etwa:

Sie bekommen Ihr Buch schon in wenigen Tagen zugesandt und haben dann vier Wochen Zeit mit dem Bezahlen.

Das Kreuzchen

Bauen Sie Ihr Response-Element so auf, daß der Leser nur noch das Gewünschte anzukreuzen braucht. Das vereinfacht und beschleunigt die Reaktion. Ein »psychologischer« Tip: Wenn der Reagierer bzw. der Besteller einen Kontrollabschnitt behält, wiegt er sich in dem sicheren Gefühl, »etwas in der Hand« zu haben und die Kontrolle zu behalten.

Soll der Empfänger Ihres Werbemittels anrufen oder eine E-Mail schicken, plazieren Sie die Telefonnummer bzw. E-Mail-Adresse gut sichtbar auf dem Folder. Gebührenfreie Telefon- und Faxnummern sind Verstärker zur Reaktion.

Checkliste für ein Response-Element

X = in Ordnung

1. Wie heißt das Response-Element? Verspricht es einen Vorteil (Reservierung, Gutschein)? .... ☐

2. Wie hoch/niedrig ist die Reaktionsschwelle (»kostenlos«, »unverbindlich«)? .... ☐

3. Gibt es Reaktionsverstärker? (Early-bird, Gewinnchance, Geschenk [Incentive]) .... ☐

4. Sind alle Fragen beantwortet? »Was passiert, wenn ich die Karte abschicke?« (Kauf, Vertreterbesuch, Zahlung, Garantie usw.) .... ☐

5. Hat der Besteller einen Kontrollabschnitt? .... ☐

6. Portohinweis – Filter oder Verstärker? (Filter: »Bitte freimachen«, Verstärker: »Porto zahlt Empfänger für Sie«.) .... ☐

7. Ist eine Unterschrift nötig? (Filter) .... ☐

8. Muß der Reagierer etwas ausfüllen (Filter)oder braucht er nur das Gewünschte anzukreuzen (Verstärker)? .... ☐

9. Ist das Response-Element schon mit dem Namen des Empfängers (Verstärker) versehen (personalisiert) oder muß er den Namen und die Anschrift ausfüllen? .... ☐

10. Wenn bestimmte Angaben zu machen sind (etwa Alter) – gibt es einen Hinweis auf Datenschutz? »Ihre Angaben werden vertraulich behandelt.« .... ☐

Response-Anzeige

Immer mehr Anzeigen (1998 über 70 Prozent) sind dialogfähig gestaltet. Sie richten sich an ein relativ breites Publikum und eignen sich hervorragend dazu, Interessenten und Kunden zu gewinnen. Wenn man genau hinsieht, ist selbst bei »klassischen Anzeigen« zumindest die Internet-Adresse angegeben.

Es gibt verschiedene Arten von Response-Anzeigen:

■ Anzeige mit Telefonnummer (zum Beispiel kostenlos oder zum Ortstarif) oder Telefaxnummer

■ Coupon-Anzeige

■ Anzeige mit Tip-on-Card (aufgeklebte Postkarte)

■ Container-Anzeige (aufgeklebtes Couvert mit oder ohne Inhalt)

■ Anzeige mit Beihefter (zum Beispiel Folder, mehrere Postkarten, Leporello usw.)

■ Anzeige mit Internet- oder E-Mail-Adresse

Die neuen Medien tragen weitere Möglichkeiten zur Reaktion bei. Response-Anzeigen richten sich an ein relativ breites Publikum – je nach Zeitschrift oder Zeitung – und werden zur Interessenten- und Neukundengewinnung eingesetzt. Sie sind ein gutes Mittel, Adressen beispielsweise für weitere Direkt-Marketing-Aktionen zu generieren.

Beachte

Auch für Response-Anzeigen gelten bestimmte Grundsätze:

■ Das Response-Element sollte sofort als solches erkennbar sein – »Aha, hier muß ich etwas tun.«

■ Die Reaktion sollte erleichtert werden. Coupon nicht in die Mitte! Klar gliedern und formulieren. Zur Reaktion hinführen. Response-Element einfach halten.

■ Der Aufbau der Anzeige sollte der **AIDA**-Dramaturgie folgen.

Für den Text einer Response-Anzeige bedeutet das:

Aufmerksamkeit finden. Mit der Headline.

Stopper-Funktion der Headline.
Sie verspricht einen Vorteil.
Das kann auch heißen: Neugierde wecken, unterhalten usw.

Interesse steigern. Im Fließtext.

Der Fließtext führt die Vorteile aus.
Die Copy kann die Neugierde befriedigen, den emotionalen, subjektiven Kundennutzen ausführen usw.

Wünsche auslösen. Mit der richtigen Dramaturgie.

Der Fließtext dramatisiert den Kundennutzen und fordert den Leser auf.

Probieren Sie es aus.

Reaktion bewirken. Mit Hinweisen und Aufrufen.

Hemmschwellen zur Reaktion abbauen, Vertrauen vermitteln (»gratis«, »ganz vertraulich«). Hinweise geben Anreize zur Reaktion.

Sofort anrufen, dann genießen Sie ...

Es wurden mittlerweile unzählige »Gebote« für Direktwerbung aufgestellt. Hier noch einige Tips:

Lesebereitschaft ständig wachhalten!

Bleiben Sie interessant. Mit Darstellung des Kundennutzens. Und persönlicher Ansprache.

Garantie

Texten Sie eine Garantie. »Geld-zurück-Garantie«. »Qualitätsgarantie«. Je nach Produkt. Das erhöht die Glaubwürdigkeit und die Seriosität des Angebotes. Weisen Sie auf Prüfberichte hin: TÜV-geprüft, nach DIN-Norm ... Das weckt Vertrauen und gibt Sicherheit.

Testimonials

> **»Ihr Service hat bestens funktioniert. Im Nu war die neue Waschmaschine da. Ich habe nicht einmal einen Tag warten müssen.«**
>
> **(Monika Wiese, Neu-Isenburg)**

Testimonials fördern die Kaufbereitschaft des Lesers. Oft genügt eine Zeile. Eine Bestätigung, ein Lob. Er fühlt sich in guter Gesellschaft. (»Ich bin nicht der einzige, der das kauft.«) Die Verkäuferin im Geschäft sagt oft: »Das wird sehr gern gekauft.« Oder: »Das geht weg wie warme Semmeln.«
Achten Sie darauf, daß das Testimonial authentisch ist. (Möglichst echter Kunde mit echtem Namen und Ortsbezeichnung.) Formulieren Sie den Text so, wie ihn der Abgebildete sprechen würde. Wörtliche Rede! Bauen Sie einen Nutzen ein (»hält ewig«, »bin zufrieden«, »Service klappt«). Oder zitieren Sie zum Beispiel Briefauszüge.

Zahlen

Zahlen wirken als Verstärker. Seit jeher wird Zahlen eine besondere Bedeutung zugeordnet.

> Zehn gute Gründe, uns zu vertrauen.
>
> 100 treue Kunden ...
>
> Sieben schöne Beispiele für   ...
>
> Dreifach-Garantie.

Preise

Lassen Sie Preise klein erscheinen. Anstatt 365 DM zum Beispiel für eine Versicherung:

> Nur eine Mark pro Tag!

Signalisieren Sie, daß der Kauf eine einmalige Gelegenheit ist.

> Sparen Sie jetzt DM 50,- beim günstigen Subskriptions-
> preis bis 30. November.

Rückendeckung

Lassen Sie den Leser nicht allein. Bestätigen Sie seine Entscheidung.

> Wir beraten bereits Hunderte zufriedener Kunden.
>
> VISA. Die beliebteste Kreditkarte.

Überraschungen

> Erstaunlich, aber wahr: ...

Solche Formulierungen steigern die Dramatik eines Textes und bewirken Neugier.

Reizwörter

Ein kleines Wort mit großer Wirkung ist beispielsweise das Wort *neu!* Noch verstärkt wird es durch die Reizwörter *jetzt* und *ganz:* »Jetzt neu!«, »Ganz neu!«
Nach David Ogilvy bewirken folgende Wörter Wunder:

- ganz neu
- jetzt
- geben bekannt
- zur Einführung
- neue, verbesserte
- erstaunlich
- sensationell
- bemerkenswert
- revolutionär
- aufregend

- Wunder
- zauberhaft
- Angebot
- schnell
- einfach
- gesucht
- Herausforderung
- vergleichen Sie
- Ersparnis
- entscheiden Sie sich schnell

Sicher läßt sich die Liste fortsetzen. Doch vergessen Sie nicht: Sprache ist lebendig und wandelt sich! Was heute ein »Reizwort« ist, reizt morgen vielleicht nur noch zum Gähnen.

Kleine Worte – große Wirkung

In einer Anzeige verdeutlicht ORF Enterprise den Unterschied, den kleine Worte in der Werbewirkung ausmachen können – wenn sie die Emotion ansprechen. Es werden zwei junge Männer gezeigt, die per Anhalter nach Linz wollen. Auf dem Pappschild steht bei dem einen lediglich »Linz« – bei dem anderen »Nach Linz – bin verliebt«. Wen würden Sie mitnehmen?

Teil 5:
Texte zum Produkt

Katalog

Es gibt vieles, was bei der Gestaltung eines Kataloges zu berücksichtigen ist, um einen guten und erfolgreichen Bestseller zu kreieren.

Doch gerade im »Bilderbuch« Katalog ist der Text nicht zu unterschätzen. Denn der Kunde kann

- die Ware nicht anfassen
- das Material nicht erkennen
- nur einen Ausschnitt sehen

Deshalb müssen im Produkttext alle Informationen zusammengefaßt werden, die der Verbraucher wissen muß. Größe, Material, Preis, Garantie usw.

Vergessen Sie dabei aber nicht das Wichtigste: das Hauptargument, warum der Konsument gerade diesen Artikel kaufen soll! Und sagen Sie ihm dieses Argument auf sympathische Art, emotional.

Nehmen Sie dem Katalogbetrachter die Ängste und lösen Sie den Kaufwunsch aus.

- »Steht mir das?« ➡ »Ein Schnitt, der jeder Figur schmeichelt.«
- »Wie lange hält das?« ➡ »Unverwüstlich und noch nach Jahren schön.«
- »Brauche ich das?« ➡ »Gehört in jeden Kleiderschrank.«

Produktinformationen

Informationen über das Produkt können vielfältig aussehen. In Form von Promotions, Flugblättern, Beilagen oder Anhängeschildchen am Produkt usw.

Rufen Sie sich auch hierbei immer in Erinnerung, für wen Sie die Produktinformation schreiben. Schreiben Sie auf, was der Verbraucher wissen möchte und nicht, was Sie alles über das Produkt wissen. Und übersetzen Sie das, was die Technikabteilung stolz präsentiert, in Verbrauchernutzen. Klar, einfach und verständlich.

Auch Fragen, die unter Umständen mit dem Produkt direkt nichts zu tun haben, können wichtig sein: Umweltschutz, Herkunft, Entsorgung.

Produktinformationen sollen glaubwürdig sein und stärken das Vertrauen des Verbrauchers zum Hersteller.

Gebrauchsanweisungen

Ein Produkt ist so gut wie seine Gebrauchsanweisung. Die ganze Freude über den Kauf ist dahin, wenn man drei Stunden braucht, um die Gebrauchsanweisung zu studieren!

Schreiben Sie deshalb eine Gebrauchsanweisung so klar und verständlich wie möglich. Erklären Sie Fachausdrücke. Nehmen Sie die Perspektive des Benutzers ein. Gehen Sie Schritt für Schritt vor.

Garantien

Garantien sind wie Urkunden und sehen meist auch so aus. Es kann vieles garantiert werden: Qualität des Materials und der Ausführung, Herkunft, Haltbarkeit. Es werden Testergebnisse bestätigt und Qualitätsurteile.

Da eine Garantie offiziellen Charakter hat, dürfen Sie hier – als einzige Ausnahme – auch ruhig etwas »pathetischer« formulieren, aber nicht schwülstig, bitte!

Achten Sie einmal auf Garantien – vom T-Shirt bis zum Kühlschrank, von der Armbanduhr bis zum Essig ...

Teil 6:
Public Relations
und Öffentlichkeitsarbeit

»PR«, wie Public Relations meist genannt werden, umfaßt im weitesten Sinne alles, was von einem Unternehmen nach »draußen« geht. Es sind dies die Bereiche:

- Kommunikation (dazu gehört zum Beispiel Fax und die Korrespondenz)

- Werbung (der Auftritt des Unternehmens, die Werbelinie (Anzeigen, Plakate etc.)

- Pressearbeit (Informationen, die über die Medien verbreitet werden)

Erfolgreiches Marketing kombiniert diese drei untrennbar miteinander verbundenen Bereiche mit der richtigen (langfristigen) Strategie im Marketing-Mix.

Deshalb ist jede Einzelaktion, wenn sie optimal funktionieren soll, im Kontext der Gesamtkonzeption zu sehen.

Texte für die Werbung haben wir bereits besprochen, jetzt widmen wir uns dem Bereich Pressearbeit/Öffentlichkeitsarbeit. Wie schreibe ich für die Presse?

Zwei Dinge machen einen gravierenden Unterschied zwischen einem Pressetext und einem Werbetext.

■ Werbetext	■ Pressetext
Sie texten direkt für die Zielgruppe.	Sie schreiben zunächst für den Redakteur, der Ihre Mitteilung bearbeitet/redigiert.
Ihr Text wird 1 : 1 gedruckt.	Sie haben keinen Einfluß darauf, in welcher Form der Artikel in der Presse erscheint.

Nun haben Journalisten ganz bestimmte Grundsätze, einen Pressekodex. Er soll die freie Meinungsäußerung und die Unabhängigkeit wahren. In diesem Pressekodex wird unter anderem eine *klare Trennung* zwischen *redaktionellem Text* und *Veröffentlichungen zu werblichen Zwecken* vorgeschrieben.

Wenn Sie sich heute ein Magazin, eine Zeitschrift anschauen, werden Sie jedoch bemerken, daß diese Grenzen zwischen Werbung, PR und Journalismus immer fließender werden und sogar manchmal verschwinden.

Inhalt

Journalisten setzen sich nicht gerne dem Vorwurf der Manipulierbarkeit aus. Damit der verantwortliche Redakteur Ihre Information veröffentlichen und mit seinem journalistischen Gewissen vereinbaren kann, achten Sie deshalb darauf, daß der Inhalt Ihrer Pressemitteilung

- wahr ist
- einen Informationswert enthält
- von allgemeinem Interesse ist
- möglichst einen aktuellen Bezug hat
- keine Anschuldigungen oder ähnliches beinhaltet

Machen Sie sich ein Inhaltskonzept. Was wollen Sie mitteilen?

Form

Eine ansprechende äußere Form Ihrer Mitteilung kann ebenfalls wesentlich zum Abdruck Ihres Textes beitragen.

- Schreiben Sie kurz (möglichst nicht mehr als eine DIN-A4-Seite).
- Lassen Sie einen Rand (für Anmerkungen des Redakteurs).
- Wählen Sie einen großen Zeilenabstand (zum Redigieren).
- Gliedern Sie übersichtlich, mit Zwischenüberschriften.

Der Erfolg

Sie geben Ihre Pressemappe ab und warten. Und dann?
Lesen Sie Ihre Mitteilung tatsächlich, nahezu unverändert, in der Presse – das ist Ihr größtes Erfolgserlebnis! Das beweist, daß Ihr Text gut formuliert war. Aber wie macht man das?

Journalistische Darstellungsformen

Es gibt verschiedene journalistische Darstellungsformen: die Nachricht, den Bericht, die Reportage, Feature, Interview usw. Und alle haben ihre eigene Charakteristik, eigene Regeln. Eine Pressemitteilung stellt meist eine Mischung dar.

Aufbau

Deshalb zunächst einige Hinweise zum Aufbau Ihrer Meldung.

Der Grundsatz, »Das Wichtigste gehört an den Anfang« gilt vor allem für die Nachricht. Auch bei Ihrer Pressemitteilung können Sie nach diesem Prinzip vorgehen.

■ Die Schlagzeile

Texten Sie eine originelle Schlagzeile für Ihre Mitteilung. Möglichst nicht zu lang. Ein Tip: Es geht leichter, wenn Sie die treffende Schlagzeile zuletzt formulieren.

■ Der Kurztext

Die Meldung in Schlagzeilen (Lead) könnte man den Kurztext vor dem eigentlichen Artikel nennen. Schreiben Sie hier die wichtigsten Fakten in ein bis zwei Sätzen.

■ Der Einstieg

Gehen Sie sofort in medias res. Teilen Sie eine Neuigkeit mit. Verblüffen Sie mit einer Überraschung. Oder zitieren Sie eine interessante Aussage. Auf jeden Fall sollte Ihr Einstieg zum Weiterlesen animieren.

■ Die Story

Bauen Sie eine Dramaturgie des Textes auf und spinnen Sie einen roten Faden durch Ihre Geschichte. Wer? Was? Wo? Wann?

■ Der Schluß

Fassen Sie kurz zusammen. Oder geben Sie Tips und Hinweise. Schließen Sie den Kreis zum Anfang.

Grundregeln

■ Bleiben Sie verständlich.

   Einfache, kurze Sätze.

■ Schreiben Sie anschaulich und genau.

   Übersetzen Sie abstrakte Sachverhalte in konkrete Bilder.

■ Nennen Sie Fakten.

   Namen, Orte, Termine.

■ Erklären Sie Unklarheiten.

   Keine Abkürzungen. Erläutern Sie Fachausdrücke. Geben Sie Hinter-
   grundinformation.

■ Wählen Sie die richtigen Worte.

   Treffende Ausdrücke. Möglichst keine Fremdwörter. Wenig »ung-Wörter«.

■ Vermeiden Sie Wertungen.

   Ein PR-Text ist kein Werbetext. Streichen Sie Superlative und formulieren Sie so objektiv wie möglich. Überlassen Sie Bewertungen dem Leser.

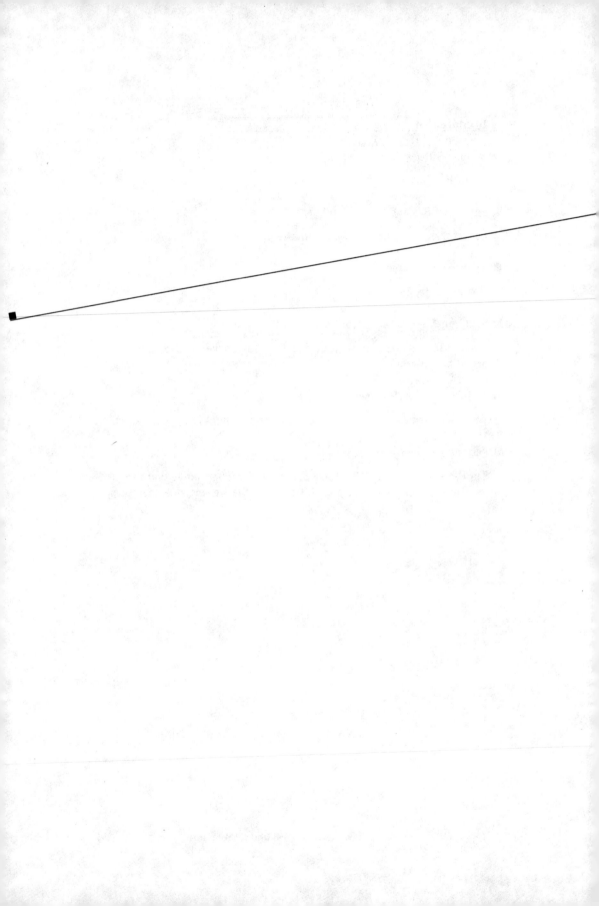

Teil 7:
Interne Kommunikation

Werbung und PR prägen das Bild/Image, das ein Unternehmen in der Öffentlichkeit schafft. Doch auch die Kommunikation nach innen spielt eine wichtige Rolle und reflektiert nach außen.

Eine schlechte Kommunikation unter den Mitarbeitern, unklare Kompetenzen, diffuse Ziele fördern Konflikte und Mißverständnisse, verschlechtern das Betriebsklima. Gut informierte Mitarbeiter arbeiten besser, sind eher motiviert, leisten mehr. Interne Kommunikation bestimmt die Unternehmenskultur mit.

»Corporate Identity« ist die Zauberformel, die den Unternehmen einen einheitlichen Auftritt und Rahmen gibt. Für die Öffentlichkeit, aber auch für die Mitarbeiter. Zur Corporate Identity gehört auch das Unternehmensleitbild.

Unternehmensleitbild

Es schreibt die Richtlinien für das Unternehmen fest, mit denen sich im Idealfall jeder Mitarbeiter identifizieren kann.

Je nach Firmenstruktur, wird das Unternehmensleitbild gemeinsam mit den Abteilungen und Mitarbeitern erarbeitet. Wenn Aufgaben, Ziele und Verhaltensrichtlinien festliegen, geht es ans Formulieren.

Die Analyse

Der Inhalt setzt eine genaue Analyse in allen Detailbereichen des Unternehmens voraus. Das Unternehmensleitbild beschreibt

- Tätigkeit und Aufgabengebiet des Unternehmens,

- Kunden und Zielgruppen

- Mitarbeiter, Führungsstil

- Markt- und Mitbewerbersituation

- Partner- und Lieferantenbeziehung

- Anspruch und Ziele usw.

Meist sind Unternehmensleitbilder kurz und sachlich formuliert. Da ein Leitbild über längere Zeit Gültigkeit besitzen soll, besteht die Schwierigkeit darin, so allgemein wie möglich, aber auch so konkret wie nötig zu werden.

Corporate Wording ®*

»Corporate Wording«, unternehmerische Schreibkultur, verwirklicht den Geist, die Philosophie des Unternehmensleitbildes in der schriftlichen Kommunikation. Und zwar in allen Bereichen. Verwaltung und Werbung, Öffentlichkeitsarbeit und Marketing gehören ebenso dazu wie die Kommunikation im Verkauf. Corporate Wording ist Teil der »Corporate Communications«.

Corporate Wording steht hier unter »interne Kommunikation«, weil es Aufgabe des Unternehmens ist, diese homogene Unternehmenssprache zu entwickeln. Das bedeutet nun nicht, daß alle Kommunikationsmittel gleich aussehen oder daß eine Stellenanzeige der Personalabteilung genauso klingt wie eine Produktanzeige.

Vielmehr soll in allem, was von diesem Unternehmen zu lesen ist, die Firmenidentität zu spüren sein.

Für welchen Typ schreiben Sie?

Hans-Peter Förster und Martin Zwernemann haben eine Methode entwickelt, dieses Corporate Wording mittels Computeranalyse umzusetzen. Förster bezieht sich dabei unter anderem auf Erkenntnisse der Kommunikations-, Gehirn- und Verhaltensforschung. Er typologisiert Leser und Wörter nach Farben und untersucht Wörter nach Bildhaftigkeit, Konkretheit, Bedeutungshaltigkeit und Angenehmheit.

Mit dieser Typologisierung sollen die richtigen Worte für die entsprechende Zielgruppe gefunden werden. Ein typologisches Wörterbuch hilft, Textbausteine nach Bedarf zusammenzusetzen.

Interessant ist meiner Meinung nach diese Methode vor allem zur Textanalyse. Ob die schematische Arbeit des Computers das »Gespür« beim Texten ersetzen kann, wäre zu überprüfen.

---

* Hans-Peter Förster, Corporate Wording, Konzepte für eine unternehmerische Schreibkultur, Campus Verlag, Frankfurt/Main 1994

Informationen an Mitarbeiter

Häufig beschränkt sich professionelles Texten auf die Werbung. Doch auch im internen Bereich sollte alles Schriftliche professionell gemacht sein.

Etwa ein »Sales-Folder«, eine Mitarbeiterinformation, die beispielsweise eine Verkaufsförderungsaktion beschreibt.

Beispiel: Jeder Mitarbeiter hat die Möglichkeit, in einem gewissen Zeitraum eine Reise zu gewinnen, wenn er ein bestimmtes Ziel erreicht. Im Sales-Folder geht es nun darum, die Aktion zu erklären und zum Mitmachen zu motivieren. Für den Text bedeutet das: Er muß überzeugen. Nicht durch flotte Sprüche, sondern mit Fakten, die folgende Fragen beantworten:

■ Warum soll ich da mitmachen?

■ Was bekomme ich?

■ Was muß ich tun?

■ Was ist, wenn ...?

■ Wann findet was statt?

■ usw.

Auch hier gilt: Werden Sie konkret, schreiben Sie bildhaft und nicht im Bürokraten-Deutsch, vermitteln Sie Sympathie.

Mitarbeiter-/Kundenzeitungen

Immer beliebter werden Zeitungen und Zeitschriften als Kommunikationsmittel. Eine Hauszeitung. Mitarbeiter-News. Kundenmagazine.

Hier nur einige Tips dazu:

■ Bringen Sie echte Neuigkeiten.

■ Achten Sie auf eine klare Gliederung. Mit Schlagzeile, Kurztext, Zwischenüberschriften.

■ Machen Sie kein »Werbeblatt« – schreiben Sie nicht nur über sich, sondern lassen Sie auch andere zu Wort kommen.

■ Bringen Sie Abwechslung hinein (Themenvielfalt).

■ Führen Sie einen Dialog. Leserbriefe, Anzeigenecke, Basar.

Die Medien

Das Medium spielt eine entscheidende Rolle für die Art der Rezeption. Und damit auch für den Autor eines professionellen Textes. Die Ausführungen in diesem Buch bezogen sich bis jetzt auf das Medium »Print«, also auf alles, was gedruckt ist – auf die schriftliche Kommunikation. Andere Medien – wie etwa die elektronischen – erfordern andere Vorgehensweisen. Auch beim Texten. Ich möchte hier kurz auf zwei auditive Kommunikationskanäle eingehen. Radio und Telefon. Und die Auswirkungen auf den Text in den jungen Medien Internet und E-Mail darstellen.

Hörfunk-Spot

Ein Text, der nur zu hören ist, den man nicht nachlesen kann, folgt anderen Gesetzen der Wahrnehmung. Untersuchungen ergeben, daß nicht der Sprecher, sondern der *Hörer* die Bedeutung einer Aussage bestimmt.

Deshalb texten Sie einen Hörfunk-Spot ganz anders als eine Anzeige. Sie müssen davon ausgehen, daß ihr Zuhörer eventuell nur mit einem Ohr Ihrer Botschaft lauschen kann. Eine gewisse Redundanz ist also bei einem Hörfunk-Spot durchaus angebracht.

Zunächst überlegen Sie, wie viele/welche Personen (Sprecher) im Spot vorkommen. Eventuell arbeiten Sie mit verteilten Rollen und müssen einen Dialog entwickeln.

Beachten Sie beim Texten:

■ Sie brauchen einen starken »Aufhänger«.

■ Der Spot muß auffallen, sich im Werbeblock von anderen unterscheiden.

■ Weniger ist mehr: Kommunizieren Sie nur *einen* Hauptvorteil.

■ Wiederholen Sie, wenn nötig, Ihre Kernaussage in einer anderen Umschreibung.

■ Finden Sie etwas zur Wiedererkennung, etwas Typisches.

Und das Wichtigste: Sie haben nur wenige Sekunden Zeit! Konzentrieren Sie sich auf das Wesentliche.

Wie gehen Sie vor?

Überlegen Sie sich genau, was Sie sagen wollen. Suchen Sie eine zündende Idee. Legen Sie die Rollen der Sprecher fest. Schreiben Sie Ihre »Story«. Lesen Sie Ihren Text laut vor. Mit der Stoppuhr in der Hand.

- Zu lang? Kürzen Sie. Reduzieren Sie auf die Kernpunkte.

- Geht das Produkt unter? Nennen Sie Namen. Wiederholen Sie am Ende.

- Gibt es einen Slogan? Wie wird er unterstützt, betont?

Übung: Schreiben Sie einen Hörfunk-Spot, der nicht länger als 30 Sekunden sein darf. Verkaufen Sie Eis. Oder Limonade. Versuchen Sie's!

Telefon

Telefonieren mit Skript? Telefon-Marketing-Agenturen arbeiten mit ausgeklügelten Telefon-Skripten, um zielgerichtet zu telefonieren.

Auch für das Telefon-Skript gilt: Überlegen Sie, was Sie kommunizieren wollen.

Denken Sie sich einen guten Einstieg aus. Und beachten Sie in Ihrem Skript, daß Ihr Gesprächspartner am anderen Ende der Leitung mehrere Antwortmöglichkeiten hat. Spielen Sie diese Möglichkeiten durch und verzweigen Sie Ihr Skript in:

- falls ja ...

- falls nein ...

- sonstiges ...

Bauen Sie in Ihr Skript alle Argumente ein. Schreiben Sie es so nieder, wie Sie es sagen würden. Die Skripte werden zwar meist nicht vorgelesen, aber steifes Schriftdeutsch hemmt den Dialog. Schließlich soll ein Gespräch geführt werden ...

Internet

Vergessen Sie AIDA! Diese provokante These könnte man für Texte im Internet aufstellen. Denn: Die »User«, die eine »Web-Site« – eine Seite im Netz – aufrufen, sind bereits hoch interessiert. Und dieses »High-Involvement« schafft eine höhere Bereitschaft, Informationen aufzunehmen.

Sie müssen also nicht die Aufmerksamkeit eines Interessenten erregen – der Interessent kommt zu Ihnen! Auf Ihre Homepage. Freiwillig. Neugierig und hochmotiviert. Sie können eine fünfmal höhere Beschäftigungszeit voraussetzen! Das Interesse ist also schon da. Und manchmal auch ein spezieller Wunsch – nach Information, nach Aktion, nach Erlebnis ...

Erwartungen übertreffen

Enttäuschen Sie die hohen Erwartungen Ihrer Homepage-Besucher nicht. Etwa mit »billigen« Werbesprüchen. Das Hauptmotiv für den Besuch einer Web-Site ist das Bedürfnis nach Information. Sach-, Fach- und Produktinformationen. Überlegen Sie genau, welche Informationen die Interessenten Ihrer Homepage suchen könnten. Und bieten Sie dann noch ein wenig mehr. Beispielsweise einen Zusatznutzen (added value), der zu Ihrem Produkt/Angebot paßt. Empfehlungen, Tips, Spiele, Adressen, Service, Erlebniswelten ...

Inhalte

Auch für die Gestaltung einer Homepage gilt das Prinzip: Zuerst ein ausführliches Konzept entwickeln! Wer sind die Anwender? Warum wählen sie meine Internet-Adresse? Was will ich kommunizieren? Wie kann ich die Erwartungen übertreffen? Welches Ziel verfolge ich? Ist meine Seite unterhaltsam? Kann der Interessent/Kunde direkt reagieren/kaufen? usw.

90 Prozent aller Informationen nimmt der Mensch mit den Augen auf. Das Internet ist ein stark visuelles Medium. Entsprechend wichtig ist die optische Aufbereitung einer Web-Site. Was sieht der Betrachter zuerst? Ist die Seite gut gegliedert? Bewegt sich etwas? Was kann ich tun, um das »Wegklicken« zu verhindern? Die Antworten auf diese Fragen stehen zunächst im Vordergrund.

Schreiben Sie ganze Sätze

Doch auch auf die Art des Textes hat dieses moderne Medium Einfluß. Hochmotivierte Leser lassen sich nicht mit Schlagworten »abspeisen«. Sie möchten ganze Sätze lesen, wenn auch kurze. Sieben bis acht Wörter, bis zu zwölf pro Satz. Schachtelsätze haben sich nicht bewährt. Ein Gedanke – ein Satz. Machen Sie doch mal einen Punkt. KISS.

Die Betrachtung am Computer ist mitunter für das Auge anstrengend – je nach Schriftgröße und -art spielt entsprechend die Wortlänge eine Rolle. Wörter mit durchschnittlich 1,8 Silben schneiden bei der Analyse am besten ab. Der Kommunikationsstil: »Schreiben Sie so, wie Sie mit Ihren Freunden reden würden«.

Schnell soll es gehen

Der Betrachter soll sofort erfassen, worum es geht. Er will schnell zu dem gewünschten Ergebnis kommen. Das setzt voraus, daß auf der Eingangsseite, der »Homepage«, die wichtigsten Fakten kurz und übersichtlich aufgeführt sind. Zum Anklicken. Die Buttons sind klar gekennzeichnet. Damit kann der User die gewünschten Informationen abrufen. Diese Informationen können ruhig ausführlich sein und sogar länger als eine Seite. Möglichst zum Ausdrucken und Nachlesen, schwarz auf weiß. Die Sprache nähert sich eher einem journalistischen Stil an als der Werbesprache.

E-Mail

Ersetzen E-Mails den klassischen Brief? In der Form bislang noch nicht. Allerdings lassen sich auch E-Mails lesefreundlich gestalten. Mit ein paar Einstellungen sind Briefkopf, Absenderzeile, Schrift und Zeilenlänge zu definieren. Wählen Sie die Schrift nicht zu klein, sonst muß der Empfänger die Mail erst ausdrucken, damit er die Botschaft lesen kann. Wenn die Zeile zu lang ist, muß der Leser »scrollen«. Machen Sie es ihm leichter. Mit kurzen Zeilen.

E-Mails sind persönliche Mitteilungen und meist auch so formuliert – wie gesprochen. Im Zuge der Internationalität des Mediums Internet sind manche Mails auch auf englisch verfaßt. Für englisch sprechende Empfänger durchaus legitim. Bei längeren Mitteilungen empfehlen sich Absätze, Zwischenüberschriften, Gliederungen.

Übrigens: E-Mails/Anfragen von Interessenten/Kunden sollten innerhalb von 24 Stunden beantwortet sein.

Checkliste

X = in Ordnung

1. Sind die Informationen für den User leicht zu finden? .... ☐

2. Ist die Gestaltung übersichtlich? .... ☐

3. Sind die Sätze kurz? .... ☐

4. Wie ist Ihr Kommunikationsstil? Freundschaftlich? .... ☐

5. Sind Wörter und Zeilen nicht zu lang? .... ☐

6. Hat Ihre Seite Erlebnischarakter? .... ☐

7. Bieten Sie Anreize, die Seite wiederholt zu besuchen? .... ☐

8. Sind genügend Zwischen-Überschriften zur Gliederung da? .... ☐

9. Treffen die Bezeichnungen der Buttons den Punkt? .... ☐

Auf die technischen Anforderungen einer Homepage kann ich hier nicht eingehen. Dennoch möchte ich ein paar allgemeine Tips rund ums Internet erwähnen:

Tips fürs Internet

■ Das Internet ist ein visuelles und ein interaktives Medium. Stellen Sie sich fürs Konzept die Situation der Zielpersonen vor.

■ Versuchen Sie möglichst, die Erwartungen der Homepage-Besucher zu übertreffen. Bieten Sie Zusatznutzen (added value).

■ Machen Sie ein detailliertes Konzept. Wie findet ein Dialog statt? Information. Beratung. Kontaktmöglichkeit. Kauf.

■ Der Zugriff zu den gewünschten Informationen sollte schnell und direkt möglich sein.

■ Haben Sie Verstärker eingebaut? (Download, Give-aways, Service...)

■ Bewegung, Sound, Animation, Interaktion – Seiten, auf denen »etwas los ist«, wirken besser als statische Seiten. Achtung: Zeitfaktor!

■ Antworten Sie schnellstmöglich auf eventuelle Anfragen und E-Mails.

■ Aktualisieren Sie Ihre Web-Sites ständig.

■ Vergessen Sie nicht, Ihre Internet-Adresse bekanntzugeben. Etwa in Anzeigen, Aussendungen, auf Visitenkarten.

Call for action	Aufruf zur Reaktion
Claim	Werbeaussage
Copy	Fließtext
Copy-Strategie	Inhaltskonzept für einen Text
Corporate Communications	Kommunikationskultur, die der Firmenidentität entspricht
Corporate Identity	Firmenidentität (Unternehmenskultur)
Corporate Wording ®	Unternehmerische Schreibkultur
Dialog-Marketing	Direkt-Marketing. Alle Marketingmaßnahmen, die einen direkten Dialog mit den Zielgruppen führen.
Early-bird	Verstärker zum Response (Beispiel: »Die ersten 100 Einsender erhalten ein Geschenk.«)
Eye-catcher	Blickfang
Folder	Faltprospekt
Headline	Überschrift, Schlagzeile
Involvementtechniken	Techniken, die den Leser in den Ablauf eines Mailings einbinden und zur Reaktion hinführen
Johnson Box	»Aufmacher« im Brief
Member-gets-member	Freundschaftswerbung. Mitglied wirbt Mitglied
Message	Botschaft, Kernaussage
Redundanz	Wiederholung
Response	Reaktion auf ein Werbemittel

Sales-Folder	Verkaufsprospekt. Meist als Mitarbeiter-information bei Verkaufsförderungsaktionen
Slogan	Werbekurzappell. Steht im Rahmen der Corporate Identity und zieht sich als Konstante durch die Werbemittel eines Unternehmens
Teaser	»Neugierigmacher«

Management

Hans-Jürgen Kratz
Anerkennung und Kritik
So vermeiden Sie die klassischen Fehler

Kurt Hanks
Die Kunst der Motivation
Wie Manager ihren Mitarbeitern Ziele setzen und
Leistungen honorieren – Ideen/Konzepte/
Methoden

Lynn Tylczak
Die Produktivität der Mitarbeiter steigern
Kosten reduzieren – Produktqualität, Service-
qualität und Moral erhöhen – basierend auf Wert-
Management-Prinzipien

Cynthia D. Scott/Dennis T. Jaffe
**Empowerment – mehr Kompetenz den
Mitarbeitern**
So steigern Sie Motivation, Effizienz und
Ergebnisse

Robert B. Maddux
Erfolgreich delegieren
Schlüsselfaktoren – Analyse der persönlichen
Delegationsfähigkeit – Entwicklung eines
Aktionsplans – Fallstudien – Checklisten

Charles Martin
Existenzgründung leichtgemacht
Ein Leitfaden für Unternehmer

Axel Gloger
Franchising
Die Lizenz zum Erfolg

Michael F. Petz
Führen – Fördern – Coachen
Wie man Mitarbeiter zum Erfolg führt

Pat Heim/Elwood N. Chapman
Führungsgrundlagen
Ein Entwicklungsprogramm für erfolgreiches
Management

Marylin Manning/Patricia Haddock
Führungstechniken für Frauen
Ein Stufenplan für den Management-Erfolg

Gerald Bandzauner
Internet – Grundlagen und Anwendungen
DFÜ (Datenfernübertragung) – Dienste im
Internet – Netiquette: Regeln im Internet –
Checkliste zur Einführung von Internet

James G. Patterson
ISO 9000
Globaler Qualitätsstandard – Kosten-Nutzen-
Relation – Die zwanzig Elemente – Qualitäts-
Checklist

Herbert S. Kindler
Konflikte konstruktiv lösen
Produktive Teamarbeit – Streß und Spannungen
abbauen – Lösungsvorschläge – Fallstudien –
Checklisten

Hans-Jürgen Kratz
Mobbing
Erkennen, Ansprechen, Vorbeugen
2., aktualisierte Auflage

Marion E. Haynes
Projekt-Management
Von der Idee bis zur Umsetzung
Der Projekt-Lebenszyklus – Faktor Qualität/
Zeit/Kosten – Erfolgreicher Abschluß

Diane Bone/Rick Griggs
Qualität am Arbeitsplatz
Leitfaden zur Entwicklung von hohen Personal-
Qualitäts-Standards – Beispiele, Übungen,
Checklisten

Herbert S. Kindler
Risiko übernehmen
Nur wer wagt, gewinnt

Rick Conlow
Spitzenleistungen im Management
Wie man Mitarbeiter dazu anspornt, ihr Bestes zu
geben – 6 Schlüsselfaktoren

Robert B. Maddux
Team-Bildung
Gruppen zu Teams entwickeln – Leitfaden zur
Steigerung der Effektivität einer Organisation

Marketing/Verkauf/PR

Richard Gerson
Der Marketingplan
Stufenweise Entwicklung – Umsetzung in die Pra-
xis – Checklisten und Formulare

Michael Kapfer-Klug/Patricia Essl
Direktwerbung
Ein praktischer Leitfaden

Elwood N. Chapman
Verkaufstraining – Einführungskurs
Psychologie des Verkaufens – Fragetechniken –
Verkaufsabschluß – Telefonverkauf

Peter Brückner
Das Firmenjubiläum als Marketinginstrument
Top-Events planen – Medien einbinden –
Neukunden gewinnen – Absatz fördern

Controlling/Finanz- und Rechnungswesen

Peter Kralicek
Bilanzen lesen – Einführung
Keine Angst vor Kennzahlen

Terry Dickey
Grundlagen der Budgetierung
Informationsgrundlagen – effiziente Planung –
Techniken der Budgetierung – Prognosen und
Controlling-Ergebnisse

Peter Kralicek
Grundlagen der Finanzwirtschaft
Bilanzen – Gewinn- und Verlustrechnung – Cash-
flow – Kalkulationsgrundlagen – Finanzplanung –
Frühwarnsysteme

Peter Kralicek
Grundlagen der Kalkulation
Kosten planen und kontrollieren/Kosten-
senkungsprogramm/Preisuntergrenzen und
Zielpreise/Methoden/Fallbeispiele

Roman Hofmeister
Management by Controlling
Philosophie – Instrumente – Organisations
voraussetzungen – Fallbeispiele

Candace L. Mondello
So kommen Sie schneller zu Ihrem Geld
Inkassosysteme/Kreditprogramm/Risikokontrolle

Wirtschaftsrecht

Horst Auer (Österreich)
Ulrich Weber (Deutschland)
Rechtsgrundlagen für GmbH-Geschäftsführer
Geschäftsführung und Vertretung – Weisungen –
zivil- und strafrechtliche Haftung – Abgaben-,
Sozialversicherungs-, Gewerbe- und Verwaltungs-
strafrecht – Gesetzestexte, Musterverträge

Personalwesen

Hans-Jürgen Kratz
Neue Mitarbeiter erfolgreich integrieren
Nutzen Sie ein praxiserprobtes Einführungs-
konzept

Robert B. Maddux
Professionelle Bewerberauslese
Interviews optimal vorbereiten – Stärken-
und Schwächenkatalog – die sieben
unverzeihlichen Fehler – Kriterien für die
richtige Entscheidung

Elwood N. Chapman
Teilzeitkräfte richtig einsetzen und führen
Arbeit optimieren – Kosten reduzieren

Lilo Schmitz, Birgit Billen
Mitarbeitergespräche
lösungsorientiert – klar – konsequent

Arbeitstechniken

Gabriele Cerwinka, Gabriele Schranz
Der optimale Umgang mit Chefs
Cheftypen, Chefanalyse, Chefgespräch, Chefkritik

Robert B. Maddux
Erfolgreich verhandeln
Entwicklung einer Gewinn(er)-Philosophie –
8 schwerwiegende Fehler – 6 Grundschritte zu
professioneller Verhandlungstechnik

Peter Kürsteiner
Gedächtnistraining
Grundlagen der Gedächtniskunst – Hören und
zuhören – Namen merken kein Problem – Zahlen
merken eine Kunst – Lesen, verstehen, behalten –
praxisnahe Übungen

Marion E. Haynes
Konferenzen erfolgreich gestalten
Wie man Besprechungen und Konferenzen plant
und führt

Carol Kinsey Goman
Kreativität im Geschäftsleben
Eine praktische Anleitung für kreatives Denken

Petra Rietsch
Multimedia-Anwendungen
Was Auftraggeber wissen sollten
– Zielgruppen, Einsatzorte, Einsatzformen
– Vorbereitung der Inhalte – Kostenfaktoren
– Wahl des Auftragnehmers – Checklisten

Kommunikation

Phillip Bozek
50 Ein-Minuten-Tips für erfolgreichere Kommunikation
Techniken für effizientere Konferenzen, schriftliche Mitteilungen und Präsentationen

William L. Nothstine
Andere überzeugen
Ein Leitfaden der Beeinflussungsstrategien

Venda Raye-Johnson
Beziehungen aufbauen
Erprobte Techniken für Ihren Karriereerfolg/
So schaffen Sie ein Netzwerk verläßlicher Kontakte

Peter Weghorn
Der Rhetorik-Profi
Kommunikationssituationen/Frage-
techniken/Schlagfertigkeit und Übungen/
Praktische Tips, Tricks und Hinter-
gründe

Emil Hierhold/Erich Laminger
Gewinnend argumentieren
konsequent – erfolgreich – zielsicher

Roman Braun
NLP – eine Einführung
Kommunikation als Führungsinstrument

Diane Bone
Richtig zuhören – Mehr erreichen
Ein praktischer Leitfaden zu effektiver
Kommunikation

Stefan Czypionka
Umgang mit schwierigen Partnern
Erfolgreich kommunizieren mit Kunden,
Mitarbeitern, Kollegen, Vorgesetzten u. a. m.
(2., aktualisierte Ausgabe)

Weiterbildung/Karriere

Nancy Struck
Arbeiten von zu Hause
Mehr Vorteile durch Tele- und Heimarbeit

Diane Berk
Optimale Vorbereitung für Ihr Bewerbungsgespräch
So bekommen Sie Ihren Traumjob

Elwood N. Chapman
Überzeugen in der Probezeit
Die ersten 30 Tage im Job – der gelungene
Einstieg

Wir schicken Ihnen gerne kostenlos und unverbindlich unseren New-Business-Line-Prospekt sowie Informationen zu unserem Verlag:

Wirtschaftsverlag Carl Ueberreuter

D-60439 Frankfurt, Lurgiallee 6–8
Telefon 069/58 09 050
Fax 069/58 09 05/10
http://www.ueberreuter.de

A-1091 Wien, Alserstraße 24
Telefon 01/40 444-0
Fax 01/40 444-156
http://www.ueberreuter.at